Sven Michaelsen
»Am Anfang steht der Größenwahn,
am Ende die Demut«

Über dieses Buch
Martin Walser freut sich über Schmerz, Diane Kruger beschreibt den Fluch dauernder Selbstbeobachtung, Tom Ford hat eine Therapie gegen Einsamkeit erfunden, Penélope Cruz ergründet die Sexfantasien in Männerköpfen, und Woody Allen erklärt, wie die Liebe vom Meer zur Pfütze wird: In diesem Buch erzählen berühmte Menschen mit verblüffendem Wahrheitsdrang, was sie über sich und die Welt gelernt haben – vom Feuer des Neids über den Durst nach maßloser Liebe bis zur Gier nach Geld und Glamour. Indem sie Einsichten und lebensentscheidende Momente beschreiben, entsteht ein ebenso kluges wie höchst vergnügliches Lehrstück über die Kunst, aus den eigenen Komplexen Kapital zu schlagen und ein gelingendes Leben zu führen.

»Wer meint, seine Pubertät liege hinter ihm, der interessiert mich nicht. Für mich ist Pubertät lebenslänglich. Ich werde nicht reif.«
Martin Walser

Über den Autor
Sven Michaelsen studierte Literatur und Geschichte, war zwanzig Jahre lang Reporter und Autor beim »Stern« und schreibt heute meist für das »SZ-Magazin«. Sein Markenzeichen sind Gespräche mit Leitfiguren und Idolen unserer Zeit, die ihm zweimal den »Deutschen Reporterpreis« einbrachten. Bei Piper sind von ihm erschienen: »Ist Glück Glückssache?« (2012) und »Das drucken Sie aber nicht!« (2018).

SVEN MICHAELSEN

»AM ANFANG STEHT DER GRÖSSENWAHN, AM ENDE DIE DEMUT«

WAHRHEITEN BERÜHMTER MENSCHEN

PIPER

Mehr über unsere Autoren und Bücher:
www.piper.de

Von Sven Michaelsen liegen im Piper Verlag vor:
Ist Glück Glückssache?
»Das drucken Sie aber nicht!«
»Am Anfang steht der Größenwahn, am Ende die Demut«

MIX
Papier aus verantwortungsvollen Quellen
FSC® C014496

ISBN 978-3-492-05986-2
3. Auflage 2020
© Piper Verlag GmbH, München 2020
Umschlaggestaltung: Cornelia Niere, München
Satz: Kösel Media GmbH, Krugzell
Gesetzt aus der Minion Pro
Litho: Lorenz & Zeller, Inning am Ammersee
Druck und Bindung: GGP Media GmbH, Pößneck
Printed in Germany

Inhalt

Über Gefühle, Körper und Beziehungen
 »Man kann seinem Herzen nicht befehlen, mit dem Hoffen aufzuhören«   7

Über Kindheit und Charakter
 »Wer meint, seine Pubertät liege hinter ihm, der interessiert mich nicht«   32

Über Zündsekunden und Wendepunkte
 »Was die Welt verändert, kommt immer aus der Verzweiflung«   52

Über Freundschaft und Einsamkeit
 »Gegner tauschen Eigenschaften aus«   94

Über Witz und Schadenfreude
 »Verbitterte Künstler sind das Schäbigste, nur Nulpen leiden an der Kunst«   124

Über Arbeit, Karriere und Geld
 »Unter Haifischen sollte man nicht bluten«   139

Über Krankheit, Tod und Gott
 »Wenn einer verzweifelt stirbt, war sein ganzes Leben umsonst«   164

Über das Unglück der Glückssuche
 »Das Glück ist entweder stumm oder es schreibt mit weißer Tinte«   187

»In einer Welt ohne Melancholie würden
die Nachtigallen anfangen zu rülpsen.«

Emil Cioran

»Bewundert und bewundernd
kommt man in die Welt,
verachtet und verachtend verlässt man sie.
Wenn alles normal verläuft.«

Martin Walser

»Zitate kann ich mir leichter merken
als Menschen.«

Heiner Müller

*Über Gefühle,
Körper und Beziehungen*

»Man kann seinem Herzen nicht befehlen, mit dem Hoffen aufzuhören«

Anjelica Huston

Rupert Everett, Schauspieler: Mein verstorbener Labrador Mo hat es mal geschafft, Madonna zu bespringen. Mo war ohnehin schon sexsüchtig, aber bei Madonna war er nicht mehr zu halten. Er schnüffelte zwischen ihren Oberschenkeln herum und bumste ihr Bein, bis es nass war. Madonna ließ den kleinen Rammler gewähren. Schließlich huldigte er ihrem Sex. Mo war die konstanteste Liebesbeziehung meines Lebens. Die Liebe eines Hundes ist einzigartig und unwiderstehlich, weil sie bedingungslos ist. Bei den mir bekannten Menschen ist das leider anders. Erst wollen sie dich ändern, und wenn sie dich dann geändert haben, mögen sie dich auf einmal nicht mehr.

Mario Adorf, Schauspieler: Unbedingte Ehrlichkeit in Beziehungen ist katastrophal. Ich halte sexuelle Treue für nicht lebbar. Monogamie hat es nie gegeben und wird es nie geben. Eifersucht ist kein Liebesbeweis, sondern eine Gefühlsverschwendung. Ich vergrabe sie an einem Ort in mir, den ich nicht sehr häufig aufsuche. Ich habe lange gebraucht zu begreifen, dass Frauen die gleichen Bedürfnisse nach Abwechslung haben. Wir alle haben eine Wunschecke im Kopf, die mit unserem Partner nichts zu tun hat. Aus diesem Bereich unserer Fantasie kommen unsere Antriebe und unser Geheimnis.

Martin Walser, Schriftsteller: Die Leserbriefe, die ich bekomme, sind in der Mehrzahl von Frauen. Das hat mich dazu gebracht zu glauben, dass Frauen mehr lesen. Leute, die sich im Sattel glauben, lesen nicht. Frauen sind problemanfälliger. Sie sind durch ihre Erfahrungen problematisierter, weil sie weniger an der Machtausübung teilhaben. Nichts hindert das Lesen so sehr, wie zu glauben, an der Macht zu sein. Zum Glück macht Machtausübung hässlich, innen und außen. Zum Glück für die durch Machtausübung Hässlichen gibt es genug Männer und Frauen, die diese Hässlichkeit reizvoll finden, diese Blickstarre, Kinnhaltung, kehlig karg knirschende Syntax und etwas weniger Fantasie als ein VW-Motor. Ich finde Leidende schöner als Täter. Von einem Leidenden hat man einfach mehr. Es ist etwas Schönes, wenn du merkst, wie lebendig du wirst, wenn du ausdrückst, was dir wehtut.

Woody Allen, Filmregisseur: Meine Frau Soon-Yi hält mich für einen verdüsterten und sauertöpfischen Übertreibungskünstler. Ein Freund von uns hat ihre Meinung über mich einmal so zusammengefasst: »Für die meisten Menschen ist der Sarg halb leer. Für Woody dagegen ist der Sarg halb voll.« Dabei nehme ich mir jeden Morgen vor zu denken, das Glas ist nicht halb leer, sondern halb voll – nur bin ich in Wahrheit fest davon überzeugt, dass es gleich runterfällt. In meiner ersten Ehe führte jeder Streit zu einer grausamen Katastrophe, und hinterher liebten wir uns jedes Mal ein bisschen weniger. So wurde ein Meer zu einer Pfütze.

Alexander Kluge, Schriftsteller und Filmemacher: Liebe und Freundschaft erkennen Sie überhaupt nur dadurch, dass Sie Ihre Schwächen ohne Schaden zeigen dürfen. Ich bin ein treuer Freund von Adornos Satz: »Geliebt wirst du dort, wo du Schwäche zeigen kannst, ohne Stärke zu provozieren.«

Jean Paul Gaultier, Modedesigner: Wenn man mich fragt, ob ich einsam bin, sage ich immer, ich habe meinen Beruf, und ich habe Linda. Linda ist meine Siamesische Katze. Sie hat wunderschöne blaue Augen, und ihr Fell hat die Farbe von Cappuccino. Ich mag Katzen, weil sie nicht wie Kinder sind. Sie geben dir Raum, allein zu sein. Als Einzelkind war ich ans Alleinsein gewöhnt, inzwischen brauche ich es. Niemanden um mich zu haben gibt mir die Möglichkeit zu zeichnen, wann ich will – und eine Katze hat die Fähigkeit, ein Niemand zu sein. Linda kommt und geht, wann sie will, und geht ihre eigenen Wege. Ihre Art zu lieben ist genauso egoistisch wie meine. Mit ihrer Art erinnert sie mich an Francis, meine Lebensliebe. Mit ihm war ich fünfzehn Jahre zusammen. 1990 starb er an den Folgen von Aids. Francis kam, wenn er glücklich war, und wenn er nicht kam, wollte er nicht nach dem Grund gefragt werden. Seine Unabhängigkeit von mir machte mich glücklich.

Anjelica Huston, Schauspielerin, Tochter des Regisseurs John Huston: Ich hatte siebzehn Jahre lang eine On-off-Beziehung mit Jack Nicholson. Was mich an ihm am meisten überraschte, war, dass er auch äußerst schlichte Seiten hat. Samstags saß er mit seinen Kumpeln den ganzen Tag mit Bier und Hotdogs vorm Fernseher und guckte Baseball und Basketball. Und wehe, man störte ihn, dann konnte er cholerisch werden. Ich habe ihm zwei Mal vorgeschlagen, zu heiraten und Kinder zu haben, aber meine Mädchenträume waren schnell dahin. Jack gab sich nicht mal besondere Mühe zu verheimlichen, dass er mit anderen Frauen schlief. Auch meine Freundinnen waren nicht tabu für ihn. Wenn ich ihn weinend zur Rede stellte, hieß es: »Ach, das war doch nur ein Mitleidsfick.« Manchmal fand ich bei uns ein Schmuckstück, das eine seiner Affären vergessen hatte. Wenn wir ausgingen, trug ich es, um zu sehen, ob jemand Anspruch darauf erheben würde. Ich habe Jack aber nie zu fragen gewagt, wie oft er fremdgeht, denn wer keine Fragen stellt, bekommt auch keine unliebsamen Antworten. Man kann seinem Herz nicht befehlen, mit dem Hoffen aufzuhören – vor allem, wenn man noch in den Zwanzigern ist. Als ich meinem Vater von Jacks Affären erzählte, sagte er mit entnervtem Blick: »Hör auf zu heulen. Das ist doch völlig unwichtig. Männer machen so was, das bedeutet rein gar nichts. Warum nimmst du dir das so zu Herzen?« Für ihn gehörte Fremdgehen zur Natur des Mannes. Er fand, was in den Genen liege, verlange keine Entschuldigung. Unsere Beziehung endete, als Rebecca Broussard ein Kind von Jack erwartete. Zum Abschied bekam ich von ihm ein mit Perlen und Diamanten besetztes Armband, das Frank Sinatra einst Ava Gardner geschenkt hatte. Auf der Karte stand: »Dies sind Perlen von deinem Schwein.«

Peter Maffay, Musiker: Ich war vier Mal verheiratet, meine derzeitige Freundin ist achtunddreißig Jahre jünger als ich. Die Intensität einer Liebe ist wichtiger als ihre Haltbarkeit. Liebe ist, wenn einer sagt: »Ich liebe dich so sehr, dass ich auch dann mit dir zusammen sein wollte, wenn ich wüsste, es ist nur für einen Tag!«

Udo Jürgens, Musiker: Was sind schon alle möglichen Verwicklungen der Liebe gegen ein neues Lied? Ich habe akzeptieren müssen, dass ich die Musik ernster nehme als irgendetwas anderes auf dieser Welt. Die Liebe ist eine wunderbare Verblendung, aber sie lässt nach. Die Sehnsucht stirbt an der Schwelle der Erfüllung. Und ein Mensch, der keine Sehnsucht mehr hat, verliert seine Kreativität. Aus diesem Grund ist mir eine endgültige Bindung unheimlich.

Robbie Williams, Musiker: Ich war nie mit Frauen zusammen, weil ich sie mochte, sondern weil ich mich einsam fühlte. Ich selbst zu sein und mich hinzugeben war undenkbar. Dazu fehlte mir die Selbstachtung. Insgeheim dachte ich, wenn eine Frau sich in einen wie mich verliebt, kann sie nichts taugen. Also lief ich einfach weg, bevor eine Beziehung drohte.

Tom Ford, Modedesigner: Mein Ratschlag bei Liebeskummer: mitten in den Schmerz hineingehen und den Punkt finden, wo es am schlimmsten wehtut. Und dann das *Daodejing* lesen. Dieses Buch gilt als Gründungsdokument des chinesischen Daoismus. Ich bin als presbyterianischer Protestant aufgewachsen, aber diese Religion hat mich nie berührt. Der Daoismus dagegen berührt mich. Er lehrt, dass es Glück nicht ohne Traurigkeit geben kann und Traurigkeit nicht ohne Glück. Nur eins dieser Gefühle haben zu wollen sei unmöglich. Wenn Sie das mal wirklich begriffen haben, lernen Sie ein völlig neuartiges Gefühl kennen: Gleichmut. Sie wissen, egal wie großartig ein Gefühl gerade ist, bald wird es in sein Gegenteil umschlagen. Nehmen Sie zum Beispiel Paris. Paris ist eine Stadt, die um das Gefühl der Traurigkeit herum gebaut wurde. Es ist wirklich die allerbeste Stadt der Welt, um sich bodenlos traurig zu fühlen. Wenn Sie jetzt einwenden: »Aber Paris ist doch auch die Stadt der Liebe!«, haben Sie begriffen, was Daoismus ist.

Wolfgang Joop, Modedesigner: Ich habe mich nur selten verliebt. Ich sehne mich zwar nach Liebe, aber sobald Nähe da ist, habe ich Angst vor ihr und haue wieder ab, weil ich fürchte, von dieser Nähe verletzt zu werden. Die Liebe ist ein Geschenk, das in hartes Papier gewickelt ist. Man zerschneidet sich die Finger, wenn man es verkehrt auspackt.

Margarete Mitscherlich, Psychoanalytikerin: Ich war siebenundzwanzig Jahre lang mit Alexander Mitscherlich verheiratet. Viele meinten, dass da zwei Spezialisten der Seelenerforschung sich dauernd gegenseitig analysieren würden. Wenn wir auf Partys darauf angesprochen wurden, sagten wir immer: »Wir tun das nur für Geld.« Mein Mann war unfähig zu lügen. Er konnte sehr verletzend sein, weil er eben immer die Wahrheit sagte. Das war seine naive Seite. Ich war da vorsichtiger. Das ist die Klugheit der weiblichen Natur. Ich hatte auch die bessere Menschenkenntnis. Alexander war ein Frauentyp, und ich weiß, dass er mir nicht immer treu war. Der Augenschein sagt einem, dass der Sexualtrieb der Männer stärker ist, aber vielleicht ist das kein biologisches Phänomen, sondern ein kulturelles. Da Frauen muskelschwächer sind, können sie von jedem Mann bezwungen werden. Aus Angst vor dem Stärkeren lernen Frauen von früh an, ihren Aggressionen und Triebgelüsten einen Stopper vorzusetzen. Vielleicht ist so der Anschein entstanden, sie hätten einen schwächeren Sexdrang. Ich habe lange unter meinen furchtbaren Eifersuchtsanfällen gelitten, weil ich es unwürdig fand, eifersüchtig zu sein. Wenn ich einen Ausbruch hatte, fühlte ich mich tief beleidigt. Mein Verhalten kränkte mein eigenes Ich-Ideal.

Hellmuth Karasek, Journalist: Beim Urteilen über Bücher geht man sich in Wahrheit mehr an die Pelle, als wenn man über sich selbst diskutiert. Wenn ich mit meiner Frau Krach habe, dann nicht, weil ich meine Socken im Bad liegen gelassen habe. Das läuft eher so, dass sie sagt: »Was, diesen Roman findest du wirklich gut?« Damit stellt man die ganze Person infrage – und die Beziehung gleich mit.

Charlotte Roche, Autorin: Frauen verlieben sich in einen Mann, und dann fangen sie an, an ihm herumzubasteln. Ist er dann so geworden, wie sie wollen, denken sie: Ich will den gar nicht mehr! Der Mann wirkt schwach und verachtenswert, weil er alles mit sich hat machen lassen. Weil das keine bewusste Handlung von Frauen ist, kommen sie so schwer von dieser Nummer runter.

Thomas Brasch, Schriftsteller: In einer lauen Sommernacht ging ich in Berlin die Knesebeckstraße auf und ab und stellte etwa hundert Flaneuren dieselbe Frage: »Angenommen, Sie haben eine Tötung frei, für die Sie juristisch nicht belangt werden: Wüssten Sie, wen Sie umbringen würden?« Nur zwanzig Prozent der Männer fiel spontan ein Opfer ein. Bei den Frauen dagegen waren es achtzig Prozent. Seither weiß ich, dass Männer weniger hassen.

John Updike, Schriftsteller: Frauen sind viel aufmerksamer für die Details, die ein Schriftsteller zum Schreiben benötigt. Wenn ich nach einem Abendessen mit Freunden versuche, mich an Kleider und Möbel zu erinnern, muss ich jedes Mal meine Frau fragen.

Elfriede Jelinek, Literaturnobelpreisträgerin: Das größte Missverständnis ist, dass ich eine Männerhasserin bin. Ich mag Männer wirklich nicht – aber ich mag auch sonst nichts.

Heiner Lauterbach, Schauspieler: Der sicherste Weg, einer Frau begehrenswert zu erscheinen, ist, von ihr wegzugehen. Das ist wie bei Katzen: Eine einigermaßen normale Katze will nicht auf den Schoß und gestreichelt werden. Wenn man aber weggeht und sie in Ruhe lässt, kommt sie auf einmal ganz von allein an. Nur bei völlig degenerierten Hauskatzen ist das anders.

Gregor Gysi, Politiker: Als früherer Scheidungsanwalt sage ich Ihnen eins: Wenn man jung und verliebt ist, achtet man überhaupt nicht darauf, ob der eine ein Frühzeit- und der andere ein Spätzeitmensch ist. Und das hat gravierende Folgen, da liegen Welten dazwischen. Ein Frühzeitmensch redet gerne morgens. Da ist er hellwach, das ist seine kreativste Zeit, da kann er alles. Mittags, nachmittags geht es, aber abends ist er völlig flau, am Ende seiner Kräfte. Ein Spätzeitmensch wie ich ist exakt umgekehrt gestrickt. Der wird erst abends richtig agil. Wenn beide berufstätig sind, passiert Folgendes: Der eine ist immer dann lebendig, wenn der andere noch schläft. Wenn sie beide miteinander reden könnten, sind sie in ihrem Job. Und abends, wenn der Spätzeitmensch reden kann, kann es der Frühzeitmensch nicht mehr. Da kommt keine Kommunikation zustande. Und wenn das Monat für Monat so geht, können Sie sich ausrechnen, wann die Scheidung kommt.

Kirk Douglas, Schauspieler: Ich hatte außereheliche Affären mit Stars wie Marlene Dietrich und Joan Crawford. Meine Frau Anne wusste das. Sie sagt, ich bin der schlechteste Schauspieler der Welt, weil ich noch nicht mal ein Pokerface hinkriege.

Frauengeschichten gehören nun mal zu meinem Leben. Sie vor Anne zu verheimlichen wäre so, wie von einem farbigen Ölgemälde ein Schwarz-Weiß-Foto machen zu wollen.

Else Buschheuer, Schriftstellerin: Selbstbefriedigung ist für mich ein Hausmittel gegen Gedankenschwere, Schlaflosigkeit und kalte Füße wie für andere Yoga. In meinem Debütroman *Ruf! Mich! An!* gibt es die Wendung »Schamlippen prall wie Rennradschläuche«. Das ist ein Originalzitat aus der Kantine des Deutschen Theaters in Ostberlin, das ich gehört habe, als ich dort Kartenabreißerin war. Später bin ich da rausgeflogen, weil ich am Einlass zu Margot Honecker sagte: »Ihre Karte, bitte!« Woher hätte ich die Alte denn auch kennen sollen?

Hans Werner Henze, Opernkomponist: Ich habe jahrelang mit Ingeborg Bachmann zusammengelebt. Sie hätte es gerngehabt, wenn ich sie geheiratet und Kinder mit ihr gezeugt hätte, aber wegen meiner Homosexualität fühlte ich mich von solcher Art Glück ausgeschlossen. Die Bachmann war dann mit Max Frisch zusammen. Ich fand, dass dieser Schweizer kaum den richtigen Partner abgab für so eine elegante, elfenhafte Erscheinung wie Frau Dr. Bachmann. Für den Frisch war doch die miese Snackbar im Café de Paris in der Via Veneto in Rom schon der Gipfel des Mondänen. Ich erlebte ihn als einen rechten Widerling, der sich dann auch noch erlaubt hat, meine geliebte Freundin mit einer Jüngeren zu hintergehen. Immerfort musste er der Welt beweisen, dass er der Don Juan Nummer eins war – ein Beweis, der einfach nicht gelingen wollte. Wenn die Bachmann im Nachtzug von Rom nach Wien einen fremden Mann kennenlernte, hat sie sich oft eine falsche Identität ausgedacht. Mal war sie eine züchtige Krankenschwester, dann wieder eine Lebedame, bei der es nicht ausgeschlossen wirkte, einen schnellen One-Night-Stand zu haben.

Ina Müller, Sängerin und Talkshowmoderatorin: Frauen stellen ihren Partnern gern Fragen wie: »Wenn es mich nicht gäbe, mit welcher meiner Freundinnen würdest du schlafen?« Manchmal denke ich, ich bin vielleicht gar keine richtige Frau, weil ich meinem Freund nie so eine Frage stellen würde. Da kann man ja auch gleich noch fragen, an wen er denn beim Onanieren so denkt. Da kannst du doch als Mann nur lügen und wie aus der Pistole geschossen sagen: »Ich? Onanieren? Ich onaniere nie, Liebling, denn ich habe doch dich!« Das Elend in Beziehungen beginnt, wenn man zusammenzieht. Wie soll ich denn mit jemand noch Sex haben wollen, dessen Unterhose ich wasche? Ein Lied von mir heißt *Ich ziehe aus, weil ich dich liebe*. Wenn mein Freund und ich Streit haben, kann jeder in seine Wohnung verschwinden und den Ärger ein paar Stunden runteratmen. Es gibt dann nicht diesen falschen Moment, wo man unüberlegt fiese Dinge sagt, die man lieber nicht hätte sagen sollen. Ich brauche asoziale Tage ohne Reden und Verständnis, aber mit Chips und Horrorfilme gucken bis in die Nacht in meinem Frottee-Nachthemd mit dem Bärchen drauf. Ich möchte mir nie wieder wünschen, dass der andere doch bitte einfach mal weggeht.

Hannelore Hoger, Schauspielerin: Alexander Kluge und ich waren sieben Jahre lang ein Paar. Er ist der loyalste und humanste Mann, den ich kenne. Einmal nahm er mich zu Theodor Adorno mit, dem Philosophen. Adorno war freundlich, sprach leise, hatte zarte Hände und sah aus wie sein Spitzname: Teddie. Er erinnerte mich an den Riesenteddy, mit dem ich als kleines Mädchen in meiner Höhle unter dem Wohnzimmertisch gespielt habe. Meine Mutter hatte ihn mir aus einer Wolldecke genäht und zu Weihnachten geschenkt. Er war größer als ich. Ich habe den beiden Herren eher zugeschaut als zugehört. Adorno wirkte sanft und anrührend und war durch und durch Geist. Es gibt ein Foto, das ihn im Badeanzug im Strandkorb zeigt. Sie denken, da sitzt ein ältliches Kind und erschreckt sich vor der Kälte der Wellen. Nach Adornos Beerdigung 1969 war ich mit Alexander auf der Totenfeier in der Frankfurter Villa des Suhrkamp-Verlegers Siegfried Unseld. Zum Befremden vieler Gäste stellte sich Alexander an den Herd und kochte Bier. Er war über den Tod Adornos tief erschüttert, aber er zeigt ja ungern Gefühle. Das Bierkochen sollte ihn beruhigen. Er meinte, er müsse etwas Warmes im Bauch haben. Das verstand ich, denn von kaltem Bier kriege ich sofort Magenkrämpfe. Als wir in der Nacht nach München zurückfuhren, gab es auf der Autobahn einen Stau. Alexander stieg aus und lief einfach los. Hätte ich ihn nicht im letzten Moment festgehalten, wäre er überfahren worden. Wir waren oft auf Sylt, ich am Strand, er immer schreibend in einem Gasthaus. Im Sand sitzen und in die Sonne blinzeln kann er nicht, er muss immer formulieren. Er ist ein Wissens- und Geisteselefant, und ich bin ein ungebildetes Huhn ohne große Geistesblitze. Das hat ihn aber nie gestört. Er hat irgendetwas in mir gesehen und gebraucht. Ich war das, was er nicht war.

Markus Lüpertz, Maler: Der Partner einer Lichtgestalt wird schnell zum Schattengewächs. Die enorme Egozentrik, die ein Künstler haben muss, macht ihn für ein bürgerliches Beziehungsleben ungeeignet. Wenn die Frau von Johann Sebastian Bach gesagt hätte: »Du Johann, bring mal den Müll runter«, hätte er sicher manche Kantate nicht geschrieben.

Ulrich Tukur, Schauspieler: Ich bin seit 2003 mit der vierzehn Jahre jüngeren Fotografin Katharina John verheiratet. Am Anfang unserer Beziehung war ihre Eifersucht rasend. Das knallte wahnsinnig. Es gab Auftritte von uns, die man in keinem Film zeigen könnte, weil die Leute sagen würden, das ist ja völlig an den Haaren herbeigezogen. Uns beide aufzuräumen ging nicht ganz ohne die Hilfe von Fachleuten ab. Wir verstanden schließlich, dass gewisse Dinge im Haus einer Beziehung tabu sind und man sagen darf: »In dieses Zimmer steckst du deine Nase gefälligst nicht rein!« Wir wären einander auch langweilig, wüssten wir alles vom anderen. Katharina gefällt es, dass ich wegen meines Berufs oft wochenlang nicht zu Hause bin. Sie sagt, so bliebe zwischen uns eine natürliche Fremdheit. Distanz schafft Nähe. Ich bin dieser Frau enorm nah, trotzdem ist sie für mich immer noch ein Rätsel, und diese Fremdheit ist spannend. Was ich sehr schätze, ist ihr unweiblicher Hang zum Exzess. Ich kann manchmal nicht aufhören, mir die Nächte um die Ohren zu schlagen, weil man durchs Feiern in herrlich abgedrehte Paradiese gerät, in denen die Zeit stehen bleibt. Frauen bleiben da eher auf dem Teppich. Meine Frau ist mutig und kompromisslos und geht in ihren Gefühlen und in ihrer Verbindungsfähigkeit sehr weit. Ihre Härte und Schärfe hat schon fast etwas Männliches.

Robbie Williams, Musiker: Ich will endlich mal wissen, wie sich Sex für eine Frau anfühlt. Und ich möchte einen weiblichen Orgasmus spüren. Die Frauen sehen dabei so großartig aus, und sie können einen Orgasmus nach dem anderen haben. Das hat mich schon immer neidisch gemacht. Ich fürchte, ein Mann sieht beim Orgasmus eher aus wie ein Gewichtheber, der unter Verstopfung leidet.

Tom Ford, Modedesigner: Manchmal denke ich, dass der Sex vor hundertfünfzig Jahren viel besser gewesen sein muss, weil es noch keine Bilder gab, die einem gezeigt haben, wie Sex auszusehen hat. Stellen Sie sich doch mal für ein paar Sekunden das Abenteuer vor, wenn zwei Menschen auf eigene Faust entdecken müssten, was Sex für einen selbst und den anderen ist. Vielleicht würden da herrlich perverse Szenarien entstehen, die wir uns gar nicht vorstellen können.

Penélope Cruz, Schauspielerin: Ein Kritiker der *Washington Post* hat mich als »sprechendes Sexualorgan« bezeichnet. Ich musste laut loslachen. Der Mann hätte mich in meiner Pubertät sehen sollen. Ich war beängstigend dünn, schmal wie ein kleiner Finger. Die ständigen Witze über mich machten mich für mein Alter viel zu hart und pessimistisch. Ein Lehrer sagte: »Ich würde nicht sagen, dass Penélope dünn ist. Ich würde sagen, sie ist klapperdürr wie eine Suppenkelle.« Vierzig Kinder lachten. Ich rannte heulend zu meiner Mutter. Sie knöpfte sich den Lehrer vor: »Ich würde nicht sagen, dass Sie wenig Haare auf dem Kopf haben. Ich würde sagen, Ihr Glatzkopf ist so kahl wie die Wüste Gobi!« Als ich mit siebzehn in *Jamón, Jamón* eine Lolita spielte, wurde ich für spanische Männer eine Sexfantasie. Ich bemühte mich, mir nicht vorzustellen, was da in Männerköpfen so alles ablief, und ließ mir die Haare sehr, sehr kurz schneiden. In den Praxen spanischer Schönheitschirurgen hingen jahrelang Fotos von mir. Es war ein unheimlicher Gedanke, die Blaupause für Tausende Frauen zu sein, die ihr Aussehen ändern wollten.

Elfie Semotan, Fotografin: Schönheit ohne Intelligenz gibt es nur von vierzehn bis neunzehn. Dann zerbrechen Dummheit und Unverständnis die Schönheit.

Cyrille Vigneron, CEO von Cartier: Viele Männer tragen eine Uhr, die schon lange nicht mehr zu ihnen passt. Mit der eigenen Uhr ist es oft wie mit dem eigenen Parfüm: Nach ein paar Wochen nimmt man beides kaum noch wahr. Deshalb tragen so viele fünfzigjährige Männer Uhren, die ihnen gestanden haben, als sie fünfundzwanzig waren.

Peter Ustinov, Schauspieler: Ich musste drei Mal heiraten, um zum ersten Mal keine Komplexe mehr zu haben. Hélène hat aus mir in etwa den Mann gemacht, der ich einmal werden wollte. Sie erlaubt mir Makel zu haben. Man bewundert Menschen wegen ihrer guten Eigenschaften, aber man liebt sie wegen ihrer Fehler – wenn diese Liebe echt ist. Hélène respektiert, dass ich zum Arbeiten Einsamkeit brauche. Es ist ein Paradox: Weil wir sehr unabhängig voneinander sind, kann uns nichts und niemand trennen. Besitzergreifend zu sein ist eine tödliche Untugend. Wenn die Menschen schon einsam sind, darf man ihnen nicht die wenigen Vorteile vorenthalten, die mit ihrer Einsamkeit verbunden sind.

Luc Bondy, Theaterregisseur: Auch mit schönen Männern empfinde ich erotische Spannung. Jeder Künstler hat etwas Feminines an sich. Das Einzige, was an mir nicht homosexuell ist, ist meine Sexualität. Es tut mir weh, wenn ich sehe, wie meine Schauspieler mit dem gleichen Enthusiasmus mit einem anderen Regisseur arbeiten. Das ist wie Untreue in einer Ehe: Man muss sich zwanghaft vorstellen, dass die eigene Frau die besten Orgasmen und die lautesten Liebesschreie mit einem anderen hat. Ich versuche aber diese Eifersuchtsneurose nicht auszuleben, denn Botho Strauß hat recht, wenn er in *Unerwartete Rückkehr* eine Figur sagen lässt: »Man liebt in der Ehe nur eine Frau, die auch zum Ehebruch fähig ist.« Treue Schauspieler sind oft nur mittelmäßig begabte Streber.

Oswalt Kolle, Sexualaufklärer: Meine Frau wusste, dass ich meine Bisexualität auslebe. Einmal geriet unsere offene Ehe in Gefahr. Die Frau, um die es ging, war Romy Schneider. 1964 schlug ich ihr eine Serie für die *Quick* über ihr Leben vor. Wir haben uns dann unter den Namen Rosie Albach und Oswin Knollinger im Hirzinger Hof in Kitzbühel eingemietet. Eines Abends legte sie die Arme um meinen Hals und kam mit auf mein Zimmer. Sie war umwerfend unbefangen und leidenschaftlich. Wir konnten keine Nacht mehr voneinander lassen.

Richard David Precht, Philosoph: Die Sehnsucht nach einem Leben larger than life ist von Romanen und Filmen in unseren Alltag eingesickert. Die Liebe hat eine ähnliche Geschichte hinter sich. Bis ins achtzehnte Jahrhundert gab es sie nur in Romanen, im wirklichen Leben spielte sie so gut wie keine Rolle. Liebesromane waren etwas für abgespeiste Fräuleins. Belletristik wurde auch früher schon zu über achtzig Prozent von Frauen gelesen. Goethe schrieb nicht für Männer, sondern für Frauen und ein paar Kollegen. Im zwanzigsten Jahrhundert wurde es durch Zeit und Geld erstmals möglich, die Liebe ins Zentrum des Lebens zu stellen. Der kapitalistische Anspruch an die Liebe lautet seither: Was ich in sie investiert habe, will ich mindestens auch wieder rausbekommen. Bloß nichts vergeuden. Der Kult des Optimierens und effizienten Lebens hat unser Bewusstsein heute vollständig im Griff.

Karl Lagerfeld, Modedesigner: Am erotischsten finde ich bei Frauen die Stelle, wo der Rücken endet und der Po beginnt. Für ein Parfüm habe ich mal eine Studie in Auftrag gegeben. Da kam heraus, dass Frauen bei Männern die zwei Grübchen am Po am erotischsten finden.

Wolfgang Joop, Modedesigner: Der heutige Orgasmus-Terror ist mir zuwider. Sexualität wird wie eine Verpflichtung zum Sport betrachtet: »Was, Sie haben schon wieder keine Rumpfbeugen gemacht?« Zum Sex gehören bei mir Sehnsucht und Inszenierung. Wer mir seine Sexualität wie Hundefutter hinwirft, erinnert mich an jene Hamburger, die in ihren Einkaufspassagen Chablis und Austern im Stehen zu sich nehmen. Früher war ich aus Unsicherheit ein primitiver Sklave der Eifersucht. Wenn ich mich als Liebesobjekt nicht adoriert fühlte, habe ich den anderen terrorisiert. Heute bin ich eifersüchtig, wenn mein Partner Edwin mich aus der Kollektion seiner Sorgen aussortiert.

Vivienne Westwood, Modedesignerin: Die Menschen sollten sich mehr anstrengen, weniger dumm zu sein – das kleidet sie am besten. Das empfehlenswerteste Accessoire ist ein Buch, denn sexuelle Attraktivität ohne Bildung gibt es nicht.

Helmut Newton, Fotograf: Meine Frau June weiß, dass Models auf mich so aufreizend wirken wie Kartoffeln auf einen Bauern. Für die Mädchen bin ich heute mehr der Beichtvater. Die allerschönsten von ihnen sind auch gar nicht so scharf auf Sex. Früher habe ich oft mit Gunilla Bergström gearbeitet. Die war nun wirklich ein erotischer Traum. Sie selbst hatte auch einen Traum, und der ging so: »Ich möchte so gern ein Häuschen in Kopenhagen haben mit Spitzengardinen und einer Stereoanlage von Bang & Olufsen.«

Peter Lindbergh, Fotograf: Natürlich überlege ich, ob es mich irgendwann nicht mehr antörnt, jeden Tag nackte Frauen vor der Kamera zu haben. Meine Angst ist, eines Tages eine Frau so anzugucken, wie du einen Ascheimer anschaust.

Chris O'Dell, Band-Betreuerin: Als die Rolling Stones mit dem Album *Exile on Main Street* auf Tournee gingen, fing ich an, mit Mick Jagger zu schlafen. Die Leute reißen die Augen auf, wenn sie das hören, aber es war wirklich keine große Sache. Wenn er nach einem Auftritt Appetit auf Sex hatte, lud er mich per Telefon in seine Suite ein. Er sagte jedes Mal denselben Satz: »Willst du noch mit mir abhängen?« Auch im Bett hatte er noch diesen leicht blasierten Gentleman-Stil. Wir schwindelten uns keine romantischen Gefühle vor, es ging nur um ein bisschen Wellness-Sex. Wenn er hinterher am Einschlafen war, verließ ich jedes Mal das Zimmer. Das war der Kodex, an den sich jedes Mädchen zu halten hatte. Gäbe es eine Jobbeschreibung für weibliche Stones-Angestellte, würde der erste Satz lauten: »Schlafen Sie mit Mick, wann immer er es verlangt. Aber dann verschwinden Sie – und zwar schnell!« Mick sollte einen Fitnessratgeber schreiben, dieses Buch würde ich auswendig lernen. Wir haben zusammen einen baseballgroßen Haufen Kokain weggehauen, aber wenn ein Konzert anstand, legte er einen Schalter um. Er ging zwei Stunden joggen und nahm nur noch Vollkornmüsli mit Joghurt zu sich. Mick gehört wirklich zum Weltkulturerbe. Als ich für Bob Dylan seine *Rolling Thunder*-Tour organisierte, hatte ich auch mit ihm ein Verhältnis. Bob ist ein widersprüchlicher Charakter. Einerseits ist er ein scheuer, empfindsamer Mensch, der sofort aus dem Raum flüchtet, wenn einer zu laut spricht. Auf der anderen Seite weiß er sehr genau, dass er eine lebende Legende ist. Als uns die Zigaretten ausgingen, sagte er, ich solle ihn auf sein Zimmer begleiten, da habe er noch eine volle Packung. Als er die Tür aufgeschlossen hatte, sagte er nur: »Ich bin müde, wollen wir uns hinlegen?«

Hans Moser, Pornofilmproduzent: Wenn es um Sex geht, haben Frauen eine viel härtere Fantasie. Da können Männer glatt einpacken.

Otto von Habsburg, ältester Sohn des letzten Kaisers von Österreich und Königs von Ungarn, Politiker: Das Interesse an Adelsgeschichten scheint uferlos zu sein. Vielleicht erkennen die im Alltag gefangenen Menschen ihr kleines Glück erst, wenn sie es am Unglück der Großen messen. Mein ältester Sohn Karl fragte Francesca von Thyssen zwischen seinen einbalsamierten Vorfahren in der Kapuzinergruft: »Möchtest du hier begraben sein?« Er meinte das als Heiratsantrag. Auch ich bin wenig romantisch. Ich habe Prinzessin Regina von Sachsen-Meiningen und Hildburghausen meinen Heiratsantrag am Telefon übermittelt.

Tomi Ungerer, Zeichner: Es war der Puritanismus meines Elternhauses, der mich zum Erotomanen gemacht hat. Seither bin ich ein Spezialist für die Wechselbeziehung zwischen Prüderie und erotischer Besessenheit. Erotik, wie ich sie schätze, gibt es nur im Zusammenspiel mit Tabus. Sex ist für mich total uninteressant, ich mache es mir selbst viel besser. Selbstbefriedigung ist ohnehin das Beste, was es gibt. Du wirst nicht krank und hast keine verrückten Frauen am Hals. Mein Gefühl ist, dass die Erotik durch die sexuelle Freizügigkeit mehr und mehr verschwindet. Im Elsass kleben die Winzer neuerdings schon Etiketten mit nackten Frauen auf ihre Weinflaschen. Wenn alles Sex ist, wird Sex unsexy.

Peter Handke, Literaturnobelpreisträger: Libgart Schwarz, Jeanne Moreau, Marie Colbin, Sophie Semin, Katja Flint:

Ich bin seit vierzig Jahren immer mit Schauspielerinnen zusammen. Sie haben das Spiel in sich. Damit meine ich nicht die Lüge. Sie sind leichter und verstehen zugleich mehr, weil sie sehr gut beobachten können, ohne dass man es merkt. Die anderen Leben, Körper und Gesten gehen auf sie über. Sie erzeugen die Täuschung, dass das Leben und die Körper nicht so schwer sind.

Wolfgang Joop, Modedesigner: Eitlen Männern kann man die falschesten Orgasmen ins Gesicht schleudern – sie glauben alles. Sie glauben sogar, dass die Prostituierte nach ihnen verrückt ist, und vergessen den Deal. Der Narziss dagegen weiß von seiner unglücklichen Liaison mit sich selbst. Er zeigt seine Schwächen bis hin zur Entblößung, um dennoch geliebt zu werden. In emotionalen Dingen bin ich oft infantil und passiv bis zur Duldungsstarre. Ich klemme dann fest zwischen dem Wunsch und der Angst, mich hinzugeben – aber das ist ja ein modernes Syndrom.

Mario Adorf, Schauspieler: Ich habe mal Kokain probiert, war aber noch nie betrunken. Nicht die Kontrolle über mich verlieren zu wollen ist mein italienisches Erbe. Die Italiener wollen auch beim Sex einen kühlen Kopf haben. Sie verachten Betrunkene, und bevor sie mit einer Dame ins Bett gehen, trinken sie lieber noch einen doppelten Espresso.

Walter Kempowski, Schriftsteller: In meinem Tagebuch steht: »Je älter man wird, desto fremdartiger kommen einem die Frauen vor. Solange man liebt, hat man keine Ahnung von Frauen. Sonst liebte man wohl auch nicht.« Klingt ganz gut. Aber ohne Frauen ist es eben auch nicht auszuhalten. Solange man Frauen noch liebt, übersieht man ihren Egoismus oder hält ihn für neckisch. Man denkt: Ist doch lustig, dass die sich immer die größere Wurst greifen. Wenn man sich dann der Scheidung nähert, ist das nicht mehr so lustig.

Heiner Lauterbach, Schauspieler: Kaum eine Frau versteht, warum ein Filmstar Sex mit Prostituierten hat. Das ist auch wirklich schwer zu erklären. Wir haben es halt blubbern lassen. Das ist für mich immer einer der schönsten Momente im Bordell gewesen, wenn man mit Kumpels im Whirlpool liegt und so ein paar aufgeschlossene Mädels dabeihat. Da kriegt man wahnsinnig viel zu lachen. Man hat einen Longdrink in der Hand und kann Blödsinn machen. Das waren für mich oft unheimlich schöne Momente, die mich bewogen, sie zu wiederholen. Als einziger Freier mit einer Frau zu schlafen hat mich zu Tode gelangweilt. Es musste immer irgendwas Abgefahrenes sein. Die Atmosphäre in Swingerclubs ist locker, und es ist halt ganz lustig, wenn man da nackt an der Theke sitzt. Dann schaut man mal, was da so abgeht. Die eigenen Freundinnen mit anderen Männern zu teilen ist eine Sache, die man lernen muss. Die wenigsten Männer können das. Das sind so Klammerer, wie wir immer zu sagen pflegten.

Dieter Bohlen, Musiker und Produzent: Eine meiner *golden rules* ist, dass man eine Frau erst richtig kennenlernt, wenn man sich von ihr trennt.

Volker Schlöndorff, Regisseur: Dustin Hoffman brauchte es geradezu, dass ihm beim Drehen andere zuschauen. Wenn man mit ihm in New York vor Hunderten Zuschauern eine Straßenszene dreht, läuft er sofort nach dem Cut an die Absperrung und fragt: »Wie fandet ihr das? Wie war ich?« Sam Shepard ist das genaue Gegenteil. Er hat immer das Gefühl, er prostituiert sich, wenn er spielt. Das ist fast pathologisch. Ich fragte ihn: »Denkst du denn, deine Frau Jessica Lange prostituiert sich auch, wenn sie vor der Kamera steht?« Er antwortete ganz erstaunt: »Natürlich nicht, sie ist doch Schauspielerin!« Als wir bei *Homo Faber* auf einem Schiff eine Kussszene drehten, wollte er, dass das ganze Deck geräumt wird. Nicht mal der Kapitän durfte auf der Brücke sein, denn er hätte sich ja umdrehen und sehen können, wie Sam die Julie Delpy in den Armen hält. Er glaubt sich selbst nur, wenn ihm niemand zuschaut. Deshalb hat er auch einen Satz des Drehbuchs so geliebt: »Ich halte es nur drei Tage mit einer Frau aus – danach beginnt die Heuchelei.«

Tom Ford, Modedesigner: Bei einigen Frauen finde ich es äußerst attraktiv, wenn sie Haare unter ihren Armen haben. Wir sollten uns klarmachen, dass wir im Grunde immer noch Tiere sind. Indem wir unsere Körper zu glatt polierten, parfümierten Objekten machen, entsexualisieren wir sie. Das Pure und Animalische verschwindet. Wenn ich mit meinem Freund durch New Mexico reite, waschen wir uns oft drei Tage lang nicht. Ich finde dieses Aroma wundervoll.

Claudia Schiffer, Model: Ein Mann, der eine schöne Frau erobern will, sollte kein Wort über ihr Aussehen fallen lassen.

Dieter Dorn, Theaterregisseur: Der irische Dichter Brendan Behan ließ bei einer Lesung einmal seinen Penis aus der Hose hängen, um zu beweisen, dass selbst das beste Gedicht nicht gehört wird, wenn einem der Penis aus der Hose hängt. Damit wies er auf einen heiklen Punkt hin. Als Claus Peymann die *Publikumsbeschimpfung* von Peter Handke in Frankfurt inszenierte, waren nackte Männer auf der Bühne zu sehen. Vom Text habe ich fast nichts mitbekommen, weil ich in die physiologische Betrachtung vertieft war, was ein Genital beim Atmen tut. Wenn Sie so wollen, war das die Vernichtung von Handke.

Leander Haußmann, Theaterregisseur: Milan Kundera sagte mal, man wird lieber für einen Menschen gehalten, der mit Greta Garbo geschlafen hat, als wirklich mit Greta Garbo zu schlafen. Ich war mal mit Nastassja Kinski allein im Turmzimmer eines Münchner Luxushotels. Ich dachte: Jetzt mache ich es! Aber ich habe mich nicht getraut. Wir haben uns dann gegenseitig Fotos unserer Kinder gezeigt. Mit den wenigsten Stars hätte man viel Spaß im Bett. Ihnen fehlt die Lockerheit, sich auf ihr Wollen einzulassen. Das ist wie Drogen nehmen mit Stars: »O Gott, da hat mich jemand fotografiert! Mein Leben ist zerstört!« Eine Ausnahme ist Helmut Berger, mit dem ich mal fast geschlafen hätte, weil ich so entzückt von ihm war. Nachdem wir bis zum frühen Morgen auf seinem Hotelzimmer gesessen hatten, nahm er zwei Hotelpuschen, schrieb »A night with you. Helmut« drauf und schenkte sie mir.

Hans Neuenfels, Opern- und Theaterregisseur: Ich bin seit mehr als fünfzig Jahren mit der Schauspielerin Elisabeth Trissenaar verheiratet. Sie hat an die siebzig Rollen unter meiner Regie gespielt. Dieses gemeinsame Fremdgehen im Theater war immer eine tolle Ergänzung unseres Zusammenseins. Die Bühne hat uns auch objektiviert. Wenn wir nach unheimlichen Krächen auf die Probe kamen, mussten wir in den ersten zwanzig Minuten erst mal einen Ton finden, verdeckt, damit die Kollegen nicht merken, dass wir kurz vor der Trennung standen. Nach fünfundzwanzig Minuten war der Streit dann weg. Die Bühne hatte uns gereinigt.

Elisabeth Trissenaar, Schauspielerin: Hans und ich sind uns über Gedanken nahegekommen. Über sich selbst oder den Partner zu sprechen wird doch irgendwann total langweilig und öde. Aber sich gemeinsam in der Sprache eines Dramas zurechtzufinden ist für uns Glück. Unser Bindeglied ist die Neugierde auf Texte. Ich weiß auch gar nicht, was »mein Mann« bedeuten soll. Ich lasse es nicht zu zu denken, dass er mein Ehemann ist. Wir haben immer die Angewohnheit gehabt, uns beim Nachnamen zu nennen. Ich sage »der Neuenfels«, und er sagt »die Trissenaar«. Das hat sich gut bewährt.

Durs Grünbein, Lyriker: Soziologisches stößt mich ab, Zoologisches tröstet mich. Das Tier im Menschen ist vielleicht die Hoffnung. Bonobo-Affen koitieren oder masturbieren fast ununterbrochen. Wenn Streit aufkommt, wird zur Lösung Sex eingesetzt. Das hat mich als Idee sofort begeistert.

*Über Kindheit
und Charakter*

»Wer meint, seine Pubertät liege hinter ihm, der interessiert mich nicht«

Martin Walser

Charlotte Roche, Autorin: Mir wird echt schlecht, wenn Leute sagen: »Ich liebe meine Kinder über alles.« Ich freue mich, wenn jemand sagt: »Ich wäre über den Tod meines Mannes trauriger als über den Tod meines Kindes.« Es gibt immer noch viele Tabus, die man als Mutter brechen kann.

Joachim Kaiser, Kritiker: Als lang gedienter Kritiker rezensiert man insgeheim auch Kinder und Freunde. Meine Tochter sagt, das rein Menschliche gebe es bei mir gar nicht. Ich könne nicht anders, als alles sofort zu intellektualisieren. Natürlich muss man fragen, ob Leute wie ich, die so viel krankhafte Passion und Seelenkraft in Hochkultur investieren, heiraten und Kinder kriegen sollten. Es ist ja sicherlich schrecklich kränkend, wenn der Papa immer nur an der Schreibmaschine sitzt oder gedankenverloren hin- und hergeht. Wenn ich meine Frau mal ein bisschen gestreichelt habe, sagte sie mit einem gewissen Recht: »Du streichelst mich wie einen Hund. Du bist ja mit den Gedanken gar nicht dabei.« Melancholie macht einen eben seltsam unempfindlich für die Wechselfälle des Lebens.

Martin Walser, Schriftsteller: Wer meint, seine Pubertät liege hinter ihm, der interessiert mich nicht. Für mich ist Pubertät lebenslänglich. Ich werde nicht reif.

Margarete Mitscherlich, Psychoanalytikerin: Dass Menschen, die Kinder haben, glücklicher sind, ist ein frommes Märchen. Ich hatte Mütter auf der Couch, die sagten: »Ich habe ständig ein schlechtes Gewissen, weil ich mein Kind im Grunde nicht mag.« Es ist auch ein Irrtum zu glauben, dass der Mutterinstinkt zur biologischen Ausstattung einer Frau gehört. Da verwechselt man Natur mit kultureller Konditionierung. Indem wir immer narzisstischer werden, ruinieren wir die Köpfe unserer Kinder. Ein narzisstisch desorientierter Mensch braucht sein Kind nur, um sich selbst zu genießen. Wer um sich selbst kreist, kann nicht lieben und wird erst melancholisch und dann unglücklich. So seltsam es klingt: Zu lieben ist schöner, als geliebt zu werden. Wer das nicht wirklich spürt, hat ein therapiebedürftiges Problem. Sich nicht mehr nur um sich selbst zu sorgen ist ein großes Glücks- und Freiheitserlebnis.

Tomi Ungerer, Zeichner: Kinder mögen Angst. Sie lieben schreckliche Geschichten, weil sie spüren, dass die Welt nicht heil ist. Die seichte Welt der gängigen Kinderbücher macht einen nicht stark. Ich will ein Kind für die Wirklichkeit wappnen – und die ist nun mal traumatisch. Das Wichtigste an Kindergeschichten ist die Einsicht, dass das Böse schlauer ist als das Gute. Die Guten müssen begreifen, dass sie etwas von den Bösen lernen können, nämlich, gerissener zu werden. Ohne diesen Pragmatismus wird das Gute immer zweiter Sieger sein. Man kann auch lernen, dass das Leben ohne das Böse entsetzlich langweilig wäre. Wir sollten Gott jeden Tag danken, dass wir etwas zu bekämpfen haben.

Joachim Lottmann, Schriftsteller: Für die Jugend von heute ist Suhrkamp eine Zigarettenmarke und Adenauer eine Herrenseife.

Steven Spielberg, Filmregisseur: Ein Kind, das eine Puppe in der Hand hat, kann dadurch Sätze sagen, die es ohne Puppe nicht sagen könnte. Es gibt nur eines, was uns

Erwachsenen die Puppe ersetzen kann: die Kunst und das Gespräch über Kunst. Ein Maler kann in einem Bild Dinge ausdrücken, die er in seinem Leben für unsagbar hält. Für andere Menschen kann sein Bild zum Katalysator werden. Indem sie über das Bild sprechen, sprechen sie auf einmal über sich selbst. Meine Frau und ich schwimmen und segeln sehr gern, deshalb wollte ich meine Kinder so lange wie möglich vom *Weißen Hai* fernhalten. Sie sollten Freude am Wasser haben. Es lief aber bei allen Kindern gleich. Ohne dass ich mein Okay gegeben hatte, hieß es eines Tages: »Dad, ich habe gestern den *Weißen Hai* gesehen!« Wenn ich fragte, wie zum Teufel das möglich sei, hieß es, bei einer Übernachtung bei Freunden hätten die Eltern erlaubt, sich den Film anzuschauen. So viel zu Menschen, die eine liberalere Auffassung von Kindererziehung haben als ich.

Alexander Kluge, Schriftsteller und Filmemacher: Ich bin abwesend, wenn ich schreibe. Das ist nichts Schönes. Meine Kinder sind nicht Schriftsteller geworden und lesen auch keine Bücher, zumindest nicht nennenswert. Sie sagen, wir haben einen Vater, der uns nur gut fände, wenn wir Bücher wären.

Rolf Dobelli, Autor: 2014 bin ich Vater von Zwillingen geworden. Seither frage ich mich, ob Kinder glücklich machen oder ob sie ein Nullsummenspiel sind, weil sie uns das, was sie geben, an anderer Stelle rauben. Die wissenschaftlichen Ergebnisse sind eindeutig: Kinder machen fundamental unglücklich. Erst wenn sie aus dem Haus gehen, steigt der Glückskoeffizient der Eltern wieder. Allerdings gibt es neben dem Glück noch eine zweite Komponente des guten Lebens: die Sinnhaftigkeit. Kinder sind extrem produktive Sinnlieferanten. Sie können sich als Vater einbilden, ein gutes Beispiel für ihre Kinder zu sein und ihnen durchs Leben zu helfen. Diese Sinnkomponente wiegt schwerer als das Unglück, das Kinder bei ihren Eltern bewirken.

Richard David Precht, Philosoph: Viele Künstler führen ihr Werk auf eine Urkränkung zurück. Als ich mit siebzehn erste literarische Geschichten schrieb, reagierte mein Vater nicht so, wie ich es mir gewünscht habe. Seine Reaktion war ein amüsiertes Lächeln sowie der Hinweis auf einen Kommafehler und einen schief konstruierten Satz. Heute erlebe ich das umgekehrte Extrem. Jede noch so mittelmäßige künstlerische Betätigung eines Kindes wird von den Eltern reflexhaft über den grünen Klee gelobt. Diese Kinder scheitern später an ihrer fehlenden Frustrationstoleranz. Weil ihnen ständig Riesentalent prophezeit wurde, geben sie beim kleinsten Hindernis auf. Insofern gibt es wohl tatsächlich Kränkungen, die produktiv sind.

Jochen Zeitz, Ex-CEO von Puma: Mein Leitsatz für meine junge Tochter lautet: Achte darauf, dass du nicht dein Leben lang eine Leiter hochkletterst, um am Ende festzustellen, dass die Leiter an der falschen Wand lehnt.

Frido Mann, Enkel von Thomas Mann: Als ich 1940 geboren wurde, war mein Großvater schon fünfundsechzig Jahre alt. Deshalb kenne ich nur den durch Ruhm und Alter verklärten Thomas Mann. Das gängige Bild vom gefühlskalten und pedantischen Geistesriesen ist vor meiner Zeit entstanden. Wenn meine Großmutter Katia nach Hause kam, fragte sie oft: »Was macht das Monstrum gerade?« Gemeint war Thomas Mann. Als mein Großvater bemerkte, dass einer seiner Söhne sich vor Kruzifixen fürchtete, nagelte er ein Kruzifix an dessen Bett. Das Kruzifix, sagte er, sei ein Symbol der abendländischen Kultur, an dessen Anblick man sich gefälligst zu gewöhnen habe. Heute fiele das unter Schwarze Pädagogik. Seine dunklen und cholerischen Seiten habe ich nur in kleinsten Ansätzen bemerkt. Wenn mein Bruder Toni aus Versehen in das vom Großvater besetzte Bad stürmte, gab es jedes Mal ein Riesendonnerwetter. War mein Großvater auf mich böse, hat er mich gezielt für Stunden nicht mehr beachtet. Er konnte mit kleinsten Mitteln ungeheure Effekte erzielen. Zwei Jahre vor seinem Tod hatte mein Vater begonnen, die bis dahin versiegelten Tagebücher seines Vaters zu lesen. Aus dem Eintrag vom 28. September 1918 erfuhr er, dass er ein unerwünschtes Kind war, dessen Abtreibung diskutiert wurde. Natürlich frage ich mich, ob es die Lektüre der Tagebücher von Thomas Mann war, die meinen Vater umgebracht hat. Wenn ich »umgebracht« definiere im Sinne von »den letzten Rest gegeben«, dann ja.

Benedikt Taschen, Verleger: Ich habe meinen Kindern von klein auf Kunst zum Geburtstag geschenkt. Sie bekamen, was es so gab im Haushalt: Martin Kippenberger, Jeff Koons, Gerhard Richter, Sigmar Polke, Albert Oehlen. Manchmal gab es Geschrei, weil ein Kind lieber eine Barbiepuppe als einen Kippenberger haben wollte. Aber durch dieses Tal der Tränen mussten die Kinder durch. Man kann sich im Leben halt nicht alles aussuchen.

Peter Handke, Literaturnobelpreisträger: Ich muss immer wieder schauspielern, um als der zu erscheinen, der ich bin. Auf dem Umweg über das Spiel finde ich zurück zu dem, der ich bin. Sogar mit meinen eigenen Kindern muss ich mein Vorhandensein spielen, um wirklich vorhanden zu sein. Und dann wird es besonders schön und leicht und rührend und lebendig. Wenn ich aber nur vorhanden bin, stehe ich dem Kind eher im Weg herum.

Wolf Wondratschek, Schriftsteller: Als ich ungewollt Vater wurde, war ich ratlos, um nicht zu sagen: schockiert. Jetzt ist es passiert, dachte ich, jetzt bist also auch du in die Falle getappt und gefangen. Mein Lebensplan schien Makulatur geworden zu sein. Dann begriff ich, dass so nur ein Idiot reagieren kann. Ein Kind wurde geboren, und es war mein Kind. Ob die Liebe zu einem Kind Glück ergibt, ist eine offene Frage. In einem der Gedichte, die ich nach der Geburt meines Sohnes zu schreiben begann, steht ein ungeheuerlicher Satz: »Eines Tages wird dir dein Kind ins Gesicht spucken, aber es wird, wenn du Glück hast, dabei weinen.«

Woody Allen, Filmregisseur: Meine Mutter war der Meinung, ich sei bis zum vierten Lebensjahr ein fröhliches und optimistisches Kind gewesen. Dann sei mein Wesen ohne erkennbaren Grund versauert. Dabei habe ich nie etwas Tragisches erlebt. Meine Eltern prügelten mich nicht, sie kauften mir alle Spielsachen, die ich haben wollte, und ich wurde auch nicht plötzlich Vollwaise. Meine Theorie ist, dass ich damals anfing zu spüren, dass ich sterblich bin und eines Tages alles das Klo runterrauschen wird – ich, meine Eltern, unsere Wohnung, die Nachbarn, eben einfach alles. Als ich begriff, dass das wahre Bild des menschlichen Lebens ein alles verschlingendes Toilettenrohr ist, verschwanden jede Niedlichkeit und alle Begeisterung aus mir. Stattdessen begann mein Körper Angst zu produzieren – und das hat bis heute nicht aufgehört. Aus Angst vor dem Tod habe ich bis zu meinem vierzigsten Lebensjahr immer bei eingeschalteter Beleuchtung geschlafen. Wenn ich alleine bin, tue ich das heute noch, denn wer weiß, was die Dunkelheit verbirgt. Bedauerlicherweise sind Kinder keine Therapie gegen Melancholie. Ich liebe es, zwei Kinder zu haben, aber als Junggeselle war ich nur von meiner eigenen Verwundbarkeit besessen. Jetzt muss ich mir auch noch dauernd ausmalen, was meinen Töchtern alles zustoßen kann. Meine Schwermut wird also immer schlimmer. Als ich Bechet das erste Mal in der Wiege liegen sah, konnte ich nur an eines denken: »Du armes kleines Ding, dies ist eine Welt aus Krebs und Nazis, aus Heuchelei und Betrug. Schon Sophokles sagte, das größte Geschenk sei, nicht geboren zu werden.«

Peter Ustinov, Schauspieler: Sie müssen das Kind in sich hegen und pflegen, sonst verbittern Sie. Und verlernen Sie bloß nie das Staunenkönnen. Ich glaube nicht, dass man optimistisch ins Leben hineinkommt. Man beginnt die eigene Reise voller Furcht und muss sich zum Optimismus durchkämpfen. Natürlich hadere ich auch. Unsere Zweifel sind wichtiger als unsere Überzeugungen, denn der Zweifel ist die Spore des Gedankens, und Wahnsinn ist nichts anderes als die Unfähigkeit zu zweifeln.

Luc Bondy, Regisseur: Als Kind hatte ich dramatisch abstehende Ohren. Das waren solche Lappen, dass da noch und noch dran gezogen wurde. Meine Mutter meint, ich sei das Opfer von zu vielen Lästerzungen. Bis zur Adoleszenz war ich fast zwergenwüchsig. Ich wuchs sehr langsam und schmerzhaft. Es hat wehgetan, kein Kind mehr zu sein.

Hugh Hefner, Playboy-Erfinder: Ich habe lange gebraucht, um zu begreifen, dass der *Playboy* die Antwort auf mein streng methodistisches Elternhaus war. Bei uns zu Hause war Alkohol verboten, und über Sex zu reden war ebenso tabu wie Gefühle zeigen oder körperliche Berührungen. Meine Mutter erklärte mir, dass sie mich nicht küsst, weil dabei Bakterien übertragen werden. Meine Unschuld habe ich erst mit zweiundzwanzig verloren. Aus meinen unerfüllten Sehnsüchten entstand dann der *Playboy*. Mit ihm bin ich vom Leben meiner Eltern davongelaufen.

Wolfgang Koeppen, Schriftsteller: Zorn lasse ich in mir zu. Hass dagegen ist immer Versagen und der Wahnsinn des Neids. Augenblicke der Liebe kann unser Gedächtnis unglücklicherweise nicht bewahren. Es ist viel besser darin, uns unsere Verluste klarzumachen.

Tom Ford, Modedesigner: Ich streite mich nicht gern. Dissens macht Falten.

Mario Vargas Llosa, Literaturnobelpreisträger: Was ich für Kultur halte, ist in den vergangenen fünfzig Jahren weitgehend verschwunden. Heute herrscht eine globale Zerstreuungskultur, die mit ihren frivolen Banalitäten den Alltag der Menschen schmieren soll. Das Bild ersetzt die Schrift, und Gefühle sind wichtiger als Gedanken. Diese Light-Kultur hat weder Substanz noch Würde. Sie ist konformistisch und dient nur noch dem Zeitvertreib. Wörter wie Ideal, Brüderlichkeit, Schöpfung, Seele bedeuten in ihr nichts mehr. Damit wird zerstört, was unserer Zivilisation Sinn, Inhalt und Ordnung gibt. Ein Vierzehnjähriger von heute erreicht über Facebook mehr Zeitgenossen als Caesar vom Kapitol aus auf dem Höhepunkt seiner Macht. Welche Folgen wird das haben? Medien wie Facebook und Twitter befördern es, dass auch Durchschnittsmenschen einen Persönlichkeitskult um sich entwickeln. Das delphische Gebot lautete: Erkenne dich selbst. Heute geht es darum, sich neu zu erfinden. Nicht die Begegnung mit sich selbst wird gesucht, sondern ein Idol, dem man ähnlich werden will. Die menschlichen Folgen sind fatal. Das Leben wird nicht länger gelebt, sondern nur noch dargestellt, so wie ein Schauspieler eine Rolle verkörpert. Der Wunsch, kein Massenmensch zu sein, definiert heute den Massenmenschen.

Karl Lagerfeld, Modedesigner: Die Gleichgültigkeit ist mit den Jahren an mir hochgewachsen wie Efeu. Nur gewöhnliche Menschen ärgern sich. Mich verletzen? Das ist deutsches Pathos. Man kommt doch über alles weg. Außerdem gibt es nur äußerst wenige Leute, die das Talent haben, mich zu verletzen. Für die denke ich mir dann eine noch viel härtere Verletzung aus. Darin bin ich äußerst begabt. Wer mich hintergeht, muss wissen, dass Vergebung nicht zu meinem Wortschatz zählt.

Karl Heinz Bohrer, Literaturwissenschaftler: Empörungsgesten sind mir zuwider, da sie sich nicht mit der Haltung des Stolzes vertragen. Wer sich empört, gibt seine Unterlegenheit zu und meint, er könne sie moralisch wettmachen. Ich finde, dass man eine Demütigung nicht noch dadurch öffentlich machen sollte, indem man sie moralisch auszugleichen versucht. Mein Stolz verbietet mir, jede Art von Demütigung zu akzeptieren. Sie können das mit einem soldatischen oder aristokratischen Kodex vergleichen. Auf salbadernde Auslegungen meiner Gefühle habe ich mich ebenfalls nie eingelassen. Wenn so etwas notwendig ist, geht man als Katholik beichten. Ansonsten bekennt man nicht. Der Gestus der Selbsteröffnung ist ja heute gang und gäbe und prägt alle großen Medienereignisse. Die Mehrheit des Publikums ist genau an solchen Intimitäten interessiert. Das alles wird durch das Prinzip des Stolzes verboten.

Richard David Precht, Philosoph: Dummheit ist nicht heilbar, Unwissenheit schon. Das darf aber nicht so ablaufen, dass die Klugen nur den anderen Klugen sagen, wie doof die Doofen sind. Man muss den Leuten den Teppich ausrollen, um sie begreifen zu lassen, dass Wissen und Aufklärung das Leben mindestens so reich machen können wie ein Urlaub unter Palmen. Was mich aufregt, sind Menschen, die sich berufsmäßig dumm stellen, weil sie konkurrierende Meinungen und Einsichten nur als Bedrohung ihrer Pfründe wahrnehmen. Die haben eine Gallerthülle um sich herum geschaffen, die sie vom Nachdenken über sich selbst befreit. Zu den größten Massenphänomenen der Neuzeit gehört der Wunsch, sich von der Masse abzuheben. Die Krux an diesem Egowahn ist nur: Wenn alle anders sein wollen als die anderen, sind sich alle darin gleich.

Martin Walser, Schriftsteller: Meine Tochter Alissa hat einen fabelhaft erzogenen Australian Shepherd, der ihr auf den kleinen Finger gehorcht. Sie hat uns gesagt: »Es ist ganz einfach. Für das, was du an deinem Hund magst, lobst du ihn, und alles andere ignorierst du.« Das gehört doch in jedes Lehrbuch! Ich habe als Vater nicht ununterbrochen gelobt, und ich muss sagen, jedes Mal, wenn ich nicht gelobt habe, hat sich mir das als Narbe eingegraben. Drei meiner Töchter sind heute Schriftstellerinnen, eine ist Schauspielerin. Ich war immer glücklich, dass meine Mädchen Mädchen sind. Das ist ein nicht überbietbares Glück. Diese Hofbesitzeroptik, ob das jetzt ein Bub oder ein Mädchen wird, hatte ich nie. Aber Söhne, das wäre ich selber noch mal. Es ist ein Segen, Mädchen um sich zu haben. Schon die schönen Stimmen hier im Haus. Es gibt keine Tochter, die nicht Gesangsunterricht genommen hat. Der andauernde Umgang mit Weiblichem ist eine unwillkürliche Atmosphäre, die durch keine andere gleichwertig zu ersetzen ist. Mädchen sind auch deshalb unglaublich interessant, weil ich in ihnen meine Frau noch einmal kennengelernt habe. Das ist ein Wahnsinnsgelände von Reichtum und Überraschung. Die schlimmste Optik bei Mädchen, das sage ich nachträglich, wäre gewesen, wenn die so weggeheiratet worden wären, um in irgendeiner Beamtenwohnung zu verschwinden. Da hätte ich ein gewisses Bedauern nicht vermeiden können. Thomas Mann war jedes Mal verärgert, wenn er ein Mädchen bekam. Seine Begründung war: »Ich empfinde einen Sohn als poesievoller, mehr als Fortsetzung und Wiederbeginn meiner selbst unter neuen Bedingungen.« Da siehst du, der denkt nur an sich.

Robbie Williams, Musiker: Ich bin ein Mensch, der leicht verbeult. Ein Motiv von mir, Popstar zu werden, war die

Hoffnung, dass mich dann niemand mehr verletzen kann. Aber es läuft genau andersrum: Ruhm vergrößert deine Empfindlichkeiten, er verstärkt deine Schwächen, und er offenbart die unheimlichsten Seiten deines Charakters.

Arnold Schwarzenegger, Schauspieler: Conan der Barbar beginnt mit Nietzsches Satz: »Was uns nicht umbringt, macht uns stärker.« Bei den US-Marines heißt es: »Schmerz ist, wenn Schwäche den Körper verlässt.« Erst musst du lernen, Qualen hinzunehmen. Dann bist du irgendwann so weit, den Schmerz zu vergessen. Deine Muskeln wachsen nur, wenn du sie quälst. Die Fähigkeit, die eigene Schmerzgrenze zu überwinden, bringt dir mentale Stärke und eine stabile Seele.

André Heller, Künstler: Zweitausend Jahre jüdisch-christliche Tradition hämmern uns ein, dass tiefe Erkenntnis und schöpferische Qualität am eindrucksvollsten aus Leid, Seelenpein und Körpernot resultieren. Es lohnt jedoch nicht, sich das Ohr abzuschneiden, um ein bisschen van Gogh zu sein. Das hat sich aber noch nicht herumgesprochen, bei Intellektuellen schon gar nicht. Die glauben beharrlich, es sei besonders förderlich, in einem Brennnesselwald zu leben, und verweigern sich der unumstößlichen Wahrheit, dass man genau die Energie, die man aussendet, auch zurückerhält. Man muss doch nicht Krebs gehabt haben, um einfühlsam über Leid schreiben zu können. Und wer sagt denn, dass ein auf hohem Niveau glücklicher Komponist nicht Melodien von einer Schönheit und Wirksamkeit schreiben kann, dass wir aus dem seligen Weinen gar nicht mehr herauskommen?

Daniel Kehlmann, Schriftsteller: Ruhm ist etwas, was wir uns von Kindheit an wünschen. Es gehört zu den frühesten Sehnsuchtsvorstellungen eines Menschen, dass alle ihn kennen sollen. Jedes Kind will berühmt sein, aber nicht jeder von uns wünscht es sich nachher noch. Die Sehnsucht nach Ruhm hat viel zu tun mit den Allmachtsfantasien des Kindes. Ein Kind steht so machtlos in der Welt, dass es mehr als jeder andere davon träumt, endlich mal selber Macht auszuüben. Deshalb sind für Kinder Zaubergeschichten so wichtig. Sich von diesen Fantasien zu trennen ist ein Reifungsprozess, der nur bei wenigen Leuten vollständig gelingt. Leute, die unbedingt berühmt werden wollen, haben etwas Kindliches und Kindisches.

Balkrishna Doshi, Architekt: Meine Richtschnur im Leben ist eine Fabel, die mir mein Lehrmeister Le Corbusier erzählt hat: Ein Hund, der am Verhungern ist, fragt einen wohlgenährten Hund, wie er es schaffe, an so viel Futter zu kommen. Der dicke Hund antwortet: »Komm morgen wieder, dann verrat ich's dir.« Am folgenden Tag wartet der dünne Hund vergeblich. Am übernächsten Tag sieht er den dicken Hund und fragt ihn, warum er nicht gekommen sei. »Ich wollte, aber mein Besitzer hat mich angekettet.« »Macht er das jeden Tag?« »Ja, warum sollte er mich sonst füttern.« Der dünne Hund machte, dass er wegkam. Besser hungern, dachte er, als dass einen jemand an die Kette legt.

Jane Goodall, Schimpansenforscherin: Das Erbmaterial von Schimpanse und Mensch ist zu neunundneunzig Prozent identisch. Auch die Schimpansennatur hat ihre Abgründe, bis hin zu Kindsmord und Kannibalismus. Ich habe beobachtet, wie ein Schimpanse ein Neugeborenes aus seiner eigenen Gemeinschaft mit einem Biss in den Schädel tötete und auffraß. Da kein Nahrungsmangel herrschte, hätte er das Fleisch nicht zum Überleben gebraucht. Ich habe einen Revierkrieg beobachtet, der vier Jahre dauerte und unzählige Schimpansen das Leben kostete. Die Sieger tranken nach den Kämpfen das Blut ihrer Opfer. Die jungen Männchen waren von den Morden fasziniert und wollten zusehen, wenn jemand starb. Hätten Schimpansen Maschinenpistolen, würden sie sie benutzen wie der Mensch.

Diane Kruger, Schauspielerin: 2009 habe ich eine vierjährige Psychotherapie begonnen. Ich suchte einen Schlüssel, um wiederkehrende Probleme in meinem Leben zu lösen, und das ging am besten mit einer unparteiischen Person. Ich kann es nur jedem empfehlen, die Gespenster aus dem eigenen Kopf zu vertreiben. Man gewinnt seine Leichtigkeit zurück, wenn man begreift, dass man sich nicht vor der Traurigkeit schützen kann, ohne sich vor dem Glück zu schützen. Hinzu kommt etwas, das für Außenstehende schwer zu verstehen ist. In meinem Leben wollen ständig tausend Leute etwas von mir. In der Therapie dagegen ging es ausschließlich um mich. Mein Telefon war ausgeschaltet, und jemand hörte mir mit ungeteilter Aufmerksamkeit zu, ohne Urteile über mich zu fällen. Schon das allein hat mir sehr geholfen. Muss man mit seinen Abgründen und Bösartigkeiten vertraut sein, um ein guter Schauspieler zu sein. Wer sich nicht bis in seine Eingeweide kennt, kann keinen Menschen aus Fleisch und Blut darstellen. Glaubwürdigkeit ohne Menschenkenntnis gibt es nicht. Je mehr Lebenserfahrung ich sammle, desto überzeugender kann ich Figuren spielen. Sich in etwas einzufühlen, was einem völlig unbekannt ist, halte ich für ein Ding der Unmöglichkeit. Was aus einem Schauspieler rauskommt, muss zuvor in ihn reingekommen sein.

Brian Eno, Musiker: Es ist anmaßend zu glauben, man könne mit einem Foto hinter die Fassade eines Menschen gelangen, denn die Kamera lügt immer. Der schöpferische Akt beim Fotografieren besteht darin, sich für eine bestimmte Lüge zu entscheiden. Es geht nicht um dein wahres Ich, sondern um die Frage, wer und was du sonst noch sein könntest. Das ist extrem befreiend. Am Ende hast du nicht deine Seele verloren, sondern ein paar neue ausprobiert – und genau das ist das zentrale Spiel der Popkultur.

Julian Schnabel, Maler: Malen hat mich in viele Schwierigkeiten gebracht – und aus noch mehr herausgeholt. Darin besteht das traurige Wunder des Malens. Wer mit Kunst anfängt, braucht blindes Vertrauen in sich selbst. Man muss denken: Das Einzige, was es noch nicht gab, bin ich selbst. Sonst braucht man gar nicht erst anzufangen, denn die Zweifel am Rang der eigenen Bilder kommen früh genug. Am Anfang steht der Größenwahn, am Ende die Demut.

Luc Bondy, Regisseur: Die Psychoanalyse hilft mir. Man arbeitet besser, wenn einem das Ich nicht so quer im Magen liegt. Wenn man zu viele Neurosen mit sich herumschleppt und nicht gerade Kafka ist, erstickt man. Ich habe schon öfters bei wirklichen Kapazitäten eine Psychoanalyse gemacht und nach ein, zwei Jahren wieder abgebrochen. Mein Problem ist, dass ich für die Analytiker zu intelligent bin. Ich interpretiere meine Träume so gut, dass ich die Rechnung ausstellen müsste. Als ich einmal in einer Krise war, schrieb ich meinem Freund Botho Strauß, dass ich jetzt zum Analytiker gehen würde. Er antwortete nur kurz: »Lieber Luc, pflücke doch lieber die Birnen in deinem Garten.«

Robbie Williams, Musiker: Ich muss die ganze Zeit unterhalten werden. Gibt es Pausen, fängt mein Kopf an, fiese Sachen über mich zu sagen. Wenn mir jemand auf der Straße die Sachen sagen würde, die ich über mich denke, würde ich ihn auf der Stelle umbringen.

Harald Schmidt, Entertainer: Sie werden nicht größenwahnsinnig, wenn Sie keine Minderwertigkeitskomplexe haben, beides bedingt sich. Ich mache diesen Beruf nur, weil ich mich in der Schule von Mädchen zurückgesetzt fühlte. Die tiefe Gerechtigkeit ist, dass die Abräumer von damals heute die elterliche Tankstelle kehren.

Wolfgang Joop, Modedesigner: Viel Vergnügen bei der Selbstfindung. Die meisten, die sich selbst gefunden haben, merken, dass da gar nichts ist.

Martin Walser, Schriftsteller: Die Erörterung einer Gewissensregung darf nicht für andere stattfinden. Es gibt keine Zuwendung, die so fruchtlos und vielleicht so schädlich ist wie das Ins-Gewissen-Reden. In dem Moment, wo du das tust, macht der andere zu und verteidigt sich bloß noch. Du unterbindest seine Gewissenszirkulation. Das weiß ich aus dem Beichtstuhl. Da wurde so formalisiert, dass du es heruntersagen konntest, und du warst eigentlich gar nicht da. Du hast dem Pfarrer so ein Formaltonband ans Gitter gehalten, und das hat er absolvierend zur Kenntnis genommen.

Robert Schneider, Schriftsteller: Zynismus ist ein Präventivkrieg. Ehe ein Gefühl an mich herankommt, mache ich es lächerlich. Deshalb reagiert ein Zyniker immer vorschnell. Zynismus ist eine Ungenauigkeit der Lebensführung. Man verdächtigt andere für das eigene Unglück. Zum Zyniker wird man durch Enttäuschungen. Ein Zyniker hatte nicht die Kraft, nach einem gescheiterten Lebenstraum wieder von vorn anzufangen. Weil er keine Kraft mehr hat, fängt er an, sich zu schützen, indem er auf Distanz geht. Er wechselt in die zweite Reihe, dann in die fünfte. Er wird zu einem kalten Beobachter, hat aber nichts als die Sehnsucht, ganz vorne dabei zu sein, da, wo das Leben tobt. Der Zusammenbruch des Sozialismus hat ebenso viele Zyniker hinterlassen wie das Untergehen der katholischen Kirche.

Salman Rushdie, Schriftsteller: Die Bereitschaft, öffentlich über intime Dinge zu sprechen, ist heute wichtiger als Talent. Die Popularität von Prinzessin Diana stieg erst dann ins Unermessliche, als sie anfing, öffentlich ihre Wunden und Narben zu entblößen. Wir verehrten Celebrities nicht trotz, sondern wegen ihrer Schwächen. Je mehr Niederlagen sie gestehen, desto stärker lieben wir sie. Die Heroinsucht eines Musikers ist Teil seiner Attraktivität. Wenn die Schönheit einer Filmdiva langsam zerbricht, weiden wir uns an ihrer narzisstischen Qual. Wir hegen zärtliche Gefühle für Oprah Winfrey, weil sie seit Jahren diese schreckliche Schlacht gegen ihre Fettleibigkeit schlägt. Ihr Kampf ist auch unser Kampf. Und wenn wir ihr ihre Fresssucht vergeben, vergeben wir auch uns selbst. Sie hat uns durch ihre Sünden erlöst. Sich in anderen wiederzuerkennen ist einer der machtvollsten menschlichen Impulse. Darauf basiert das ganze Geheimnis der Literatur. Schriftsteller zählen zu den Opfern der Bekenntniskultur. Das Versprechen der Literatur ist es, dass Sie eine wertvollere Erfahrung machen, wenn Sie einer erdachten Figur folgen als einer tatsächlich existierenden. Aber statt nach Wahrhaftigkeit zu suchen, lesen die Leute lieber real life stories. *Anna Karenina* verstaubt in den Regalen, aber die Leiden von Prinzessin Diana wurden zum Millionenseller. Ihr Leichnam wurde zum wahrhaftigsten Spiegel unserer Kultur. Das Verhalten der Massen war ein Feedback Loop: Die Trauer der Menschen nach dem Tod von Diana war echt – aber nur zehn Sekunden lang. Dann haben die Medien die ersten Bilder von Trauernden in Umlauf gebracht. Von da an haben die Menschen nicht mehr auf Dianas Tod reagiert, sondern auf die Bilder von Trauernden. Nach kürzester Zeit verschwand die authentische Trauer, und die Leute schauspielerten die Trauer, die sie im Fernsehen bei anderen gesehen hatten. Ich habe mir die Menge rund um den Kensington Palace angeschaut. Die Zahl der wirklich Trauernden nahm stündlich ab. Stattdessen kamen immer mehr Zuschauer, die Trauernde sehen wollten. Es ist eine allgemeine Tendenz: Wir reagieren nicht mehr auf das eigentliche Ereignis, sondern auf das Echo, das dieses Ereignis in den Medien hervorruft. Wir wollen Teil dessen werden, was wir im Fernsehen sehen.

Woody Allen, Filmregisseur: Tragödien sind mir viel näher als Komödien. Ich bin ein Mensch, der bei einem eingewachsenen Zehennagel überzeugt ist, er wird sterben. Früher nahm ich mir dann vor, bis zu meinem Ende noch mit jeder Frau zu schlafen, die ich zu fassen bekomme, und all die Pizzas zu essen, die ich mir verbiete, weil sie schlecht für meine Gesundheit sind. Ich habe aber festgestellt, dass ich nicht zu denen gehöre, die in einem abstürzenden Flugzeug noch schnell mit ihrer Sitznachbarin Sex haben wollen. Ich bin ein energiearmer, gedämpfter Typ, der still und voller Rücksichtnahme auf andere aus dem Leben scheiden würde.

Steven Spielberg, Filmregisseur: Sobald es um meine Kinder geht, bin ich ein Kümmerer, der sich um alles Sorgen macht. Meine Familie nennt mich deshalb »The Worrier«. Meine oberste Priorität war immer, für die Kinder da zu sein. Das hat jeden Drehplan bestimmt. Als meine Kinder klein waren, habe ich ihnen jeden Abend Gutenachtgeschichten vorgelesen und sie morgens zur Schule gebracht. Ich war keiner dieser Väter, die meinen, ein spektakuläres Wochenende in Disneyland ersetze die Fürsorge im Alltag. Sylvester Stallone bläute seinen fünf Kindern als oberste Regel ein: »Traue niemandem mehr als dir selbst!« Mein Credo als Vater lautet: »Du bist, was du tust. Überlege deshalb vorher, was deine Handlung über dich aussagt und wie die Welt darauf reagieren wird.« Die Reaktion meiner Kinder auf diese Sätze ist seit vielen Jahren gleich: Sie stellen ihre Ohren auf Durchzug.

*Über Zündsekunden
und Wendepunkte*

»Was die Welt verändert, kommt immer aus der Verzweiflung«

Einar Schleef

Margarete Mitscherlich, Psychoanalytikerin: Ich litt jahrzehntelang unter Klaustrophobie, weil ich Angst vor meinen Ambivalenzen hatte. Als Kind dachte ich, du darfst deiner Mutter gegenüber nicht aggressiv sein, weil du von ihr abhängig bist und sie oft so traurig guckt. Diese Traurigkeit in ihren Augen konnte mich wirklich rasend machen, weil sie mir die Luft zum Atmen nahm. Wenn ich meine Mutter in die Luft sprengen wollte, sagte ich mir jedes Mal: »Du darfst um Gottes willen deine Mutter nicht hassen, denn du liebst sie doch so.« Wenn sie melancholisch wurde, weil sie nicht den Mann ihres Lebens geheiratet hatte, war sie das, was die Psychoanalyse eine »tote Mutter« nennt. Sie spielte versunken Klavier, und ich saß unterm Flügel und weinte, weil ich wusste, sie wünscht sich ein anderes Leben. Aus dem Gefühl, es nicht auszuhalten, wenn meine Mutter traurig war, entstand mein Interesse für die Psychoanalyse. Tief in mir drin steckt dieses Bedürfnis, dass es anderen einigermaßen gut gehen soll, und so wurde ich Psychoanalytikerin, um meine Mutter von ihrer Melancholie zu heilen. Ich habe in meinen drei Analysen gelernt, mit meinen Ambivalenzen zu leben. Man kann einen Menschen zum Teufel wünschen und ihn gleichzeitig sehr, sehr lieben.

Rupert Everett, Schauspieler: Meine Eltern steckten mich in ein katholisches Klosterinternat, in dem es vor allem darum ging, weiche Kinderherzen durch hassenswerte Beschäftigungen wie Rugby verknöchern zu lassen. Es gehörte zu meinen täglichen Pflichten, nach dem Frühstück die Toilette aufzusuchen und anschließend am Schwarzen Brett mit einem Häkchen oder Kreuz kundzutun, ob sich mein Darm entleert hatte oder nicht. In dieser Zeit sind mein Stilempfinden und mein Sarkasmus entstanden. Wenn man schon beim Rugby eine Null ist, sollte man wenigstens besser gekleidet sein als die Champions dieses Barbarensports. Mein Sarkasmus war eine Form von Selbstverteidigung, mit der ich meine Nöte verstecken konnte. Bevor einer über mich lachte, lachte ich lieber selbst über mich. Hinzu kam, dass ich monströs viel Aufmerksamkeit brauche. Da half es sehr, dauernd Witze zu reißen, die die anderen *bitchy* fanden. Freunde hatte ich dadurch nicht, eher Aficionados.

Siegfried Unseld, Verleger: Thomas Bernhard notierte über mich: »In Teheran schaute ich an Unselds Seite vom dreizehnten Stock des Sheraton-Hotels in das Schwimmbecken, in welchem kein Wasser, aber der Hotelmüll gelagert war. Nie, weder vorher noch nachher, habe ich einen so traurigen Unseld gesehen.« Bernhard wusste, dass ich jeden Morgen siebenhundert Meter schwimme. Das ist für mich ein Ritual, etwas Religiöses. Ich war 1944 als Marinefunker auf der Krim. Die heranrückenden Russen machten keine Gefangenen. Vor unserer Stellung stand ein Lastwagen der Roten Armee mit einem Galgen auf der Ladefläche, an dem ein deutscher Marinesoldat baumelte. Als Funker wussten wir, draußen auf See lagen deutsche Boote. Um neun Uhr abends sind wir dann zu dritt rausgeschwommen. Schon nach wenigen Minuten wurde der eine von einem Artilleriegeschoss getötet. Der andere hat bis in die Morgenstunden ausgehalten. Dann ist er vor meinen Augen ertrunken. Nach neun Stunden im Wasser wurde ich aufgefischt. Seither schwimme ich jeden Morgen.

Karl Heinz Bohrer, Literaturwissenschaftler: 1943 kam ich ins legendenumwobene Internat Birklehof in Hinterzarten. Es gehörte zum Bestand feiner Erziehungstradition, dass ältere Schüler jüngere quälen. Mitten in der Nacht wurde Sextanern Klebstoff in die Nase geschmiert, oder man schleppte sie in die Duschräume im Keller und setzte sie an einen Stuhl gefesselt unter eine kalte Dusche. Je brutaler diese nächtlichen Folterungen waren, desto mehr entsprachen sie einem snobistischen Härte-Ideal. Das hing zum einen mit der außerordentlich sadistischen Erziehung in der Hitlerjugend zusammen, zum anderen gehörte es zu einer bestimmten Upperclass-Tradition, dass Jungens sich solchen Widerwärtigkeiten lakonisch aussetzten und das durchstanden. Mein ansonsten sehr liberaler Vater hat ja auch nicht einen Finger gerührt, als er davon hörte. Seine Haltung war: Das soll der Junge mal selber klarmachen. Meine resolute Mutter dagegen fuhr in die Schule und räumte mit diesen Quälern auf. Weil sie das Fass aufmachte und einen Skandal auslöste, wurden mehrere Jungens aus bekannten Familien öffentlich zu Ehrenstrafen verurteilt oder von der Schule geschmissen.

Tom Ford, Modedesigner: Wenn ich Kinder Fußball spielen sehe, gerate ich sofort in Panik, dass sie mir den Ball zuspielen. Ich war einer dieser Jungs, die schrecklich ungeschickt beim Sport sind und deshalb von allen gehänselt werden. Diese Unsicherheit plagt mich bis heute, obwohl ich inzwischen ein guter Sportler bin. Ich glaube, auf Schönheit in äußerster Perfektion legen nur Leute wert, die früher mal Komplexe hatten. Als Designer versuche ich meine Neurosen stilbildend werden zu lassen.

Karl Lagerfeld, Modedesigner: Yves Saint Laurent sagte mit siebzehn zu seiner Mutter: »Irgendwann wirst du meinen Namen in Goldbuchstaben über den Champs-Élysées sehen.« Ich bin viel schlimmer, denn ich habe mir schon mit sieben dauernd vorstellen müssen, eines Tages sehr bekannt zu sein. Ich kam mir wie eine Märchenfigur vor, deren Name um die Welt geht. Das war wie ein Zwang. Im Vergleich zu mir als Kind bin ich heute schüchtern und bescheiden.

Peter Schmidt, Produktgestalter: Die Sehnsucht nach Schönheit entsteht in der Kindheit oder nie. Ich litt darunter, dass der Chefdesigner der jungen Bundesrepublik Piefke hieß. Durch den Imperialismus von Banalität und Vulgarität wurde meinen Augen speiübel. Ich war nur in meinen Träumen zu Hause und hatte unendliches Fernweh. Ich saß stundenlang am Fenster, und wenn Wolken aufzogen, stellte ich mir vor, es seien die Alpen. Stand ich vor einer geschlossenen Bahnschranke, träumte ich, auf den vorbeifahrenden Zug aufzuspringen. Mit 14 durfte ich in Bayreuth eine Probe von Wagners *Götterdämmerung* besuchen. In mir legte sich ein Schalter um. Ich begriff: Du musst die Welt, die du suchst, selbst erfinden.

Vera von Lehndorff, genannt »Veruschka«, Fotomodell: Als ich am 14. Mai 1939 mit ausgestrecktem rechtem Arm aus dem Schoß meiner Mutter kam, soll mein Vater gesagt haben: »Das fängt ja gut an, meine Tochter kommt mit dem Hitlergruß auf die Welt! Und wie die aussieht! Von uns kann das nicht sein.« Diese hingeworfenen Bemerkungen entwickelten ein Eigenleben in mir, nachdem mein Vater 1944 wegen seiner Beteiligung am Attentat auf Hitler gehenkt worden war. Ich bildete mir ein, ein hässliches Scheusal zu sein, und dachte, dass von Anfang an etwas Dunkles über mir liegen würde und ich die Inkarnation des Bösen sei. Ich habe mir unbewusst die Schuld am Tod meines Vaters gegeben und viele Jahre geglaubt, nur auf die Welt gekommen zu sein, um Unheil über mich und meine Familie zu bringen. Heute weiß ich, dass viele Kinder von Widerstandskämpfern den traumatischen Verlust des Vaters kompensieren, indem sie sich mitunter selbst als Täter bezichtigen.

Arthur Miller, Dramatiker: Den Börsencrash von 1929 habe ich als Vierzehnjähriger miterlebt. Mein Vater verlor sein Millionenvermögen, und ich musste plötzlich ohne Chauffeur und Kindermädchen auskommen. Mein Vater war fast ohne Schulbildung. Vor dem Ersten Weltkrieg wanderte er aus Polen in die USA ein. Nach ein paar Jahren gehörte ihm eine prächtig laufende Fabrik für Damenbekleidung. 1927 machte er die großartige Entdeckung, dass es ihm viel mehr Geld bringt, sein Kapital in Aktien zu investieren, statt es in die Produktion von Mänteln zu stecken. Als der große Crash kam, hatte er immer noch eine prächtig funktionierende Fabrik – nur konnte er seine Arbeiter nicht mehr bezahlen, denn all sein Geld war auf einmal im Klo verschwunden. Die Menschen ändern sich nicht sehr. Es ist immer die gleiche Geschichte: Gier!

Charlotte Roche, Autorin: Ich war bis 2007 magersüchtig. Der Grund war eine Kombination aus schlimmen Bildern in Zeitschriften und schlechten Freundinnen. Es soll nicht frauenfeindlich klingen, aber die Frauen sind oft ungeheuer hart untereinander. Sie brauchen heute keinen

Mann mehr, der sagt: »Du bist fett!« Das machen die alles komplett alleine. Und die Männer sitzen kopfschüttelnd daneben und können die Frauen nicht stoppen. Wenn ich unter fünfzig Kilo wog, sagten Freundinnen: »Toll! Ich bewundere dich!« Wenn ich Nein zum Essen sagte, kriegte ich Applaus. Und das ist dann wie ein Rausch. Und dieser Rausch wird dann zur Sucht.

Stevie Wonder, Musiker: Ich kam als Frühgeburt zur Welt. Eine Überdosis Sauerstoff im Brutkasten zerstörte mein Augenlicht. Rassismus habe ich schon im Kindergarten erlebt. Als ein weißer Junge »Nigger« zu mir sagte, lief ich zu meiner Mutter und fragte, was dieses Wort bedeute. Als ich bei diesem Jungen zu Hause eingeladen war, bin ich mit Absicht in seinem Zimmer herumgestolpert und habe alles umgekippt. Einem Blinden konnte man das ja nicht zum Vorwurf machen.

Mario Adorf, Schauspieler: Ich habe meinen italienischen Vater nur einmal im Leben für zehn Minuten gesehen, als ich bereits zwanzig war. Mein Kollege O.E. Hasse hat mir mal souffliert, ich sei Schauspieler geworden, um den Makel meiner unehelichen Geburt zu kompensieren. Da mag was dran sein, dass das meine Wunde ist. Meine Mutter hat zwanzig Jahre lang in einer Kleinstadt in der Eiffel unter der Schande leiden müssen, ein illegitimes Kind zu haben. Sie zeigte so gut wie nie Gefühle. Ein Kuss oder eine Berührung war unvorstellbar. Vielleicht liegt es am Beispiel meiner Mutter, dass ich mir antrainiert habe, Leiden nicht auszukosten. Ich lasse einen Schmerz ganz bewusst nicht so wichtig werden, dass ich an mir zweifle. In ein tiefes Loch zu fallen habe ich mir niemals gestattet.

Udo Lindenberg, Musiker: Du bist, was du behauptest zu sein. Wer sich lange genug zu einer Erscheinung erklärt, wird auch eine. Diesen Geheimschub musst du dir geben, sonst bleibst du ein Niemand. Ich komme aus beengten Verhältnissen und wollte Popstar werden. Man sagte mir aber, ich kann nicht singen und sehe auch nicht besonders lecker aus. Ich habe mir dann so lange eingeredet, ganz wunderbar auszusehen, bis ich nicht mehr in den Spiegel schauen konnte, ohne dass Erektionsgefahr drohte.

Robert F. Kennedy Jr., Sohn des ermordeten US-Justizministers Robert F. Kennedy: Weinen galt bei uns zu Hause als Zeichen der Schwäche und war verboten. Immer wieder schärfte mein Vater uns Kindern ein: »Wie schlimm es auch kommt, ein Kennedy gibt nie auf, nie! Habt ihr das verstanden?« Am 5. Juni 1968 morgens um sechs weckte mich ein Lehrer meines Internats. Er sagte, draußen warte ein Wagen, der mich nach Hause bringe. Dass der Palästinenser Sirhan Sirhan im Hotel Ambassador in Los Angeles vier Mal auf meinen Vater geschossen hatte, erfuhr ich erst bei meiner Ankunft. Wahrscheinlich wollte man mich schonen, weil ich erst vierzehn war. Wir flogen dann mit der Air Force Two von Vizepräsident Humphrey nach Los Angeles, wo mein Vater im Krankenhaus lag. Er hatte einen Verband um den Kopf und war an eine Herz-Lungen-Maschine angeschlossen. Die Haut um seine Augen war schwarz. Meine Mutter, die mit meiner Schwester Rory schwanger war, saß an seinem Bett. Wir Kinder hielten abwechselnd seine Hand und beteten. Am nächsten Morgen kam mein älterer Bruder Joe zu mir und sagte: »Er ist von uns gegangen.« Der Mörder meines Vaters sitzt lebenslänglich in einem Gefängnis in Kalifornien. Ich spüre keine Sehnsucht, mit ihm zu sprechen. Ich bete für ihn, aber ich habe ihm nichts zu sagen. Er hat sein Schicksal, ich meins. Wir können nichts füreinander tun. Nach dem Tod meines Vaters wurde ich drogensüchtig. Als ich mit neunundzwanzig auf einem Flughafen in South Dakota wegen des Besitzes von Heroin festgenommen wurde, prangte mein Gesicht auf dem Cover des Klatschmagazins *People*, eine Schmach für einen Kennedy. Ironischerweise half mir die Festnahme, clean zu werden, denn durch den Skandal wusste jeder, was mit mir los war. Es ist eine Schande: Als Kind bin ich mit meinem Vater durch England, Frankreich und Deutschland gefahren. Hunderttausende säumten die Straßen. Wenn die Menschen meinen Vater erblickten, konnte ich die Hoffnung auf ihren Gesichtern sehen. Heute dagegen sind wir die meistgehasste Nation der Welt. Es heißt, Macht sei eine Droge. Dazu sage ich Ihnen nur eins: Macht kann einen Menschen verderben und zerstören – Machtlosigkeit aber auch.

Markus Lüpertz, Maler: Ich habe schon als kleiner Junge gewusst, dass aus mir kein James Dean wird. Deshalb habe ich mir mit zwölf ein Barett mit Feder aufgesetzt, um wie Rembrandt auszusehen. Weil mich niemand als Maler brauchte, musste ich mich selbst erfinden, mein eigenes Universum aufbauen und es für andere attraktiv machen.

Will Quadflieg, Schauspieler: In jungen Jahren habe ich Weisheiten, die mir besonders einleuchteten, auf dünnes Papier geschrieben und aufgegessen. »Gaben, wer hätte sie nicht? Talente, Spielzeug für Kinder. Nur der Ernst macht den Mann und der Fleiß das Genie.« So was schrieb ich mir auf und fraß das, damit ich diese Erkenntnisse für immer in mir habe. Meinen Kopf muss man sich als einen gigantischen Friedhof vorstellen, auf dem unbestattete Rollenleichen herumspuken. Nachts im Bett gehen mir Bände von Text durch den Kopf und quälen mich wie ablaufende Filme, die ich gar nicht sehen will. Beim Aufwachen spüre ich oft einen Überdruck im Hirn. Dann gehe ich ins Badezimmer und spreche zur Beruhigung einen Rollentext runter. Würde mir meine Frau nicht immer wieder die Einbahnstraßen meines Wesens zeigen, wäre mir meine asoziale Egozentrik gar nicht bewusst. Alles, was in Kunst übersetzt ist, berührt mich mehr als mein privates Schicksal. Über Figuren aus Dramen und Romanen kann ich weinen, aber den eigenen Gefühlen gegenüber bin ich seltsam distanziert. Meine Frau fragt manchmal: »Warum lernst du mich nicht einmal auswendig?« Das sogenannte wahre Leben erscheint dem Schauspieler als dilettantisches, stümperhaftes Theater. Echte Menschen haben für mich immer etwas Humoristisches. Dieses schlecht gespielte Menschsein möchte man wie ein Theaterkritiker dauernd verreißen.

Otto von Habsburg, ältester Sohn des letzten Kaisers von Österreich und Königs von Ungarn, Politiker: Der Sinn für Prachtentfaltung fehlte meinen Eltern völlig. Es gab sehr einfaches Essen, und es wurde ausschließlich Wasser getrunken. Auch zum Anziehen gab es nur das Einfachste. Uns Kindern wurde immer wieder eingebläut, sparsam zu sein – und ich bin's. Als ich vor ein paar Jahren nach einem Autounfall blutüberströmt aufwachte, hörte ich den Arzt sagen, man solle mir das Hemd aufschneiden. Meine ersten Worte waren: »Um Gottes willen, nicht, das Hemd ist neu!« Man hat dann netterweise nur die

Knöpfe abgeschnitten. Das reparierte Hemd trage ich heute noch.

Anjelica Huston, Schauspielerin, Tochter des Regisseurs John Huston: Wenn mein Vater uns wegen Dreharbeiten für Monate verlassen wollte, umklammerte ich seine Beine, um ihn am Fortgehen zu hindern. Wenn er weg war, hielt ich meine Nase in den Humidor, in dem er seine Zigarren verwahrte. Auf diese Weise fühlte ich mich ihm nah. Es war eine Liebe, die durch Abwesenheit verklärt wurde. Als ich vierzehn war, warf er mir vor, allzu verführerisch zu tanzen. Plötzlich holte er aus und schlug mir zwei Mal ins Gesicht, mit voller Wucht. Seit diesem Tag hatte ich immer ein bisschen Angst vor ihm und vermied es, ihm zu nahe zu kommen. Es hat dreißig Jahre gedauert, bis ich mich traute, mit ihm darüber zu sprechen. Er lag mit einem Emphysem im Krankenhaus und brauchte Schläuche mit Sauerstoff in der Nase, um nicht zu ersticken. Er erinnerte die Geschichte vollkommen anders und leugnete, mich geohrfeigt zu haben. Es war, als hätte er ein Drehbuch umgeschrieben. Ich hätte insistieren können, aber welchen Wert hätte es gehabt, einen alten, schwerkranken Menschen, der durch die Hölle geht, mit einer Episode aus meiner Kindheit zu quälen?

Robert Evans, Filmproduzent: Kokain macht aus normalen Menschen Exzentriker. Aus Exzentrikern macht es Wahnsinnige. 1979 lagen auf meinem Bankkonto elf Millionen Dollar. Zehn Jahre später hatte ich noch siebenunddreißig Dollar. Ich wurde von einer Legende zu einem Aussätzigen. Kokain hat nicht nur meine Karriere ruiniert – es hat mein Leben zerstört! Ich habe Jahre in fötaler Position im

Bett verbracht. Ich war unfähig aufzustehen. Mein Sohn Joshua sah mich vor seinen Augen verwelken.

Alexander Kluge, Schriftsteller und Filmemacher: Halberstadt wurde am 8. April 1945 durch ein Flächenbombardement amerikanischer Flugzeuge zu achtzig Prozent zerstört. Zehn Meter neben mir schlug eine Sprengbombe ein. Ich war dreizehn Jahre alt. Diese Bombe hat meinen Erkenntnistrieb sehr stark befördert. Sie hat mich, einen verwöhnten Jungen, darauf aufmerksam gemacht, wie es die Welt mit den Menschen meint. Unser Familienhaus verbrannte. Wir rannten ins nächste Freibad, das Wasser im Becken sollte eine Grenze zwischen uns und die Flammen ziehen. Nach dem Bombenangriff war ich nicht mehr dasselbe Kind. Im Kopf durcheinander. Natürlich hatte ich Angst gehabt, aber gleichzeitig lief der Gedanke mit, endlich ist mal was passiert, was ich morgen meinen Schulkameraden erzählen kann. Als mir gesagt wurde, dass am nächsten Tag die Schule ausfällt, war ich enttäuscht. Natürlich schreibe ich auch, um nicht andauernd ich selbst sein zu müssen, aber wer bin ich? Bin ich die Einbildung von mir, die zustande kommt, weil alle Leute mich von Kindheit auf als Alexander Kluge angesprochen haben? Das bin ich ja gar nicht. Ich habe in mir eine Fülle von Stimmen. Die Vorfahren meiner Mutter waren Unternehmer aus England, die Vorfahren meines Vaters waren deutsche Uhrmacher und Pastoren, ein anderer Familienzweig kommt aus dem Eulengebirge, wo die Aufstände der schlesischen Weber waren. Eigentlich müssten diese Leute Bürgerkrieg in mir führen. Tun sie aber nicht. Sie vertragen sich, die Gefühle zwischen ihnen bilden ein Gemeinwesen. All ihre Stimmen zusammen bin ich. Deswegen halte ich bei einer Geschichte eine chorische Lösung für die schönste. Die Eindeutigkeit des Rentnerblicks, der sagt, die Welt ist so und so, liegt mir nicht.

Hannelore Hoger, Schauspielerin: Ich war ein Jahr alt, als ich 1943 mit einer Blut- und Lymphvergiftung viele Monate in einem Hamburger Krankenhaus lag. Vom Himmel fielen Bomben englischer und amerikanischer Flugzeuge. Der rechte Arm sollte mir abgenommen werden, aber dann gaben die Ärzte mich auf. Ich soll schon in der Totenkammer gelegen haben. Meine Mutter hat mich dann aus dem Krankenhaus geklaut und zu Hause gesund gepflegt. Später habe ich viel mit dem argentinischen Regisseur Augusto Fernandes gearbeitet. Er hielt Fantasie für verwahrte Erfahrung und glaubte, in jedem von uns ruhe ein versunkener Kontinent aus Verletzungen, Bildern, Düften, Tönen. Er wies mich öfters darauf hin, dass ich auf der Bühne die Arme ausstrecke, als solle jemand kommen und mich in den Arm nehmen. Ich kann schroff und kriegerisch bis zum Autismus sein, und meine Melancholie lässt mich das Leben schwernehmen. Wenn ich in der Zeitung lese, wie Menschen sadistisch misshandelt werden, kriege ich Hassgefühle und Mordgedanken. Als ich vor zwanzig Jahren eine Psychotherapie machte, sagte meine Therapeutin: »Schreiben Sie Ihre Wut in Briefen auf, aber schicken Sie diese Briefe niemals ab.« Vielleicht liegen meine abrupten Wutausbrüche an den Monaten, die ich als Einjährige im Krankenhaus lag. In dieser Zeit hat sich wahrscheinlich in mir ein tief sitzendes Ohnmachtsgefühl entwickelt. Ein Baby allein im Dunkeln, und dann kommt irgendjemand, der nicht die Mutter ist und jedes Mal anders riecht. Bruno Bettelheim hat beschrieben, was das mit einem macht. Ich konnte es nicht zu Ende lesen.

Einar Schleef, Theaterregisseur: Es liegt am Frust, wenn ich bis zum Umfallen saufe. Alkohol ist die einzige Chance, den Konflikt zwischen meinen Absichten und meiner tatsächlichen Leistung zu beheben. Alkohol zu trinken hat man ja im Osten trainiert. Wir aßen zu Hause Rumtopf in ungeheuren Mengen. Das lief bei uns unter Kompott. Für uns Kinder gab es halt einen Schlag Grießbrei dazu. Trinken macht mir nur alleine Spaß. Mit anderen muss ich mir Zügel anlegen. Statt auszurasten, bricht man nur in so eine Kumpelei aus. Ich fahre ein verrostetes Damenrad. Herrenräder habe ich immer gehasst, weil die Stange einen nicht sauber runterfallen lässt, wenn man getrunken hat. Ich habe als Radfahrer schon Wolfgang Joop, Wim Wenders und Richard von Weizsäcker umgenietet. Und da gab es noch den Unfall mit Gorbatschows Limousine. Ich fahre grundsätzlich bei Rot über Kreuzungen. Da weiß man, wenn es knallt, ist man halt selbst schuld. Bei Grün kann man ja nur hoffen, dass die anderen die Verkehrsregeln kennen.

Steven Spielberg, Filmregisseur: Als ich fünf war, fuhr mein Vater mit mir in die nächste Großstadt und parkte das Auto neben einem Gebäude, das von Hunderten Menschen umlagert war. Wir mussten stundenlang in der Kälte anstehen, um Eintrittskarten zu bekommen. Als ich fragte, was wir uns anschauen, sagte mein Vater: »Einen Zirkusfilm.« Da ich das Wort Film noch nie gehört hatte, dachte ich, wir gehen in einen Zirkus. Ich freute mich darauf, dass der Vorhang sich öffnet und Elefanten, Löwen und

Clowns erscheinen. Als der Vorhang schließlich aufging, starrte ich ungläubig auf eine riesige Leinwand, auf der große, körnige Buchstaben auftauchten und nach ein, zwei Sekunden wieder verschwanden. Ich fühlte mich fürchterlich betrogen. Aber nach zehn Minuten traute ich meinen Augen nicht: Auf der Leinwand lief das Spektakel aller Spektakel! Später erfuhr ich, dass ich Cecil B. DeMilles Monumentalfilm *Die größte Schau der Welt* gesehen hatte. Dieser erste Kinobesuch hat eine unstillbare Neugier in meinem Kopf entfacht: Wie macht man solche Bilder? Mit dreizehn begann ich Science-Fiction- und Kriegsfilme zu drehen, die bis zu fünfzehn Minuten lang waren. Meine Mutter taufte mich daraufhin »Cecil B. DeSpielberg«. Ich wurde ein kleiner Tyrann und verwandelte unser Haus in ein Filmstudio. Meine drei jüngeren Schwestern und meine Mutter scheuchte ich herum, als wären sie nur auf die Welt gekommen, um Hilfsdienste für mich zu erledigen. Würde ich heute meine Mitarbeiter so behandeln, bekäme ich Ärger mit der Gewerkschaft.

Martin Walser, Schriftsteller: Ich durfte gegen keinen der Menschen etwas haben, die in die Gastwirtschaft meiner Eltern kamen, denn es waren unsere Gäste, und wir haben von denen gelebt. Davon kann es kommen, dass man sich nachher schwertut in der Verurteilung der Welt. Man liebt sie lieber. Vielleicht verführt Erfahrungsmangel manche Intellektuelle dazu, möglichst strenge und möglichst universalistische Standpunkte zu beziehen. Wir sind Fachleute für das Allgemeine. Wir lassen es die Verhältnisse büßen, dass wir ihnen nicht angehören. Dass die Intellektuellen ihre Kommentarhoheit verloren haben, ist eine Einübung in Realismus. Ein Satz, den ich gern geschrieben habe, lautet: »Was man nicht praktizieren kann, davon soll man schweigen.«

Leander Haußmann, Theaterregisseur: Die Haußmanns sind seit drei Generationen Trinker mit Haltung. Wasser zu trinken macht mich auf Dauer depressiv. Beim Termin in der Entgiftungsklinik hieß es: »Wir klopfen hier an, Herr Haußmann!« Als ich sagte, ich hätte doch angeklopft, erwiderte mein Betreuer: »Ja, aber nicht auf ›Herein!‹ gewartet.« Daraufhin bin ich nach Hause gefahren. Damit die Krankenkasse zahlt, haben wir uns darauf geeinigt, dass auf meinem Entlassungsschein »nicht therapierbar« steht. Die berühmteste Trinkerin der Familie ist meine Großmutter Ruth Wenger, die erst Hermann Hesse heiratete und dann einen Nazi. Die Ehe mit Hesse ging schief, weil sie sehr jung war und gerne auch mal Sex haben wollte. Hesse war aber gerade in seiner Vor-*Steppenwolf*-Krise und entsprechend schwierig. In ihrem Scheidungsantrag hieß es, er sei »vergrübelt, einsiedlerisch und unansprechbar«. Sie war das, was der Berliner eine Marke nennt. Ich kannte sie fast nur sitzend. Kette rauchend guckte sie *Rauchende Colts* im Fernsehen und leerte jeden Tag eine Flasche Cognac. Unter den Nierentisch hatte sie einen Batzen Vaseline geklebt, um ihre Lippen einzufetten und dann Goethe zu lesen.

Veronika Ferres, Schauspielerin: Ich war mal dreißig Kilo schwerer als heute, und es gab eine Zeit, da habe ich nur noch zweiundvierzig Kilo gewogen – und ich bin eins dreiundachtzig groß. Ich litt unter Bulimie und Fresssucht und ritzte mir mit einem Zirkel die Unterarme auf. Weil ich voller Komplexe und Selbstzweifel war, stand ich bis

Mitte zwanzig auf der dunklen Seite des Lebens. Ich hasste mich wegen meiner furchtbaren Nase und fürchtete immer, dummes Zeug zu reden – was ich dann auch tat. Ich marterte mich jahrelang mit dem Gedanken: Um Gottes willen, irgendwann werden alle entdecken, dass du als Schauspielerin gar nichts kannst. Wann erwischt es mich endlich?

Jean Paul Gaultier, Modedesigner: Ich bin ich in der Pariser Arbeitervorstadt Arcueil aufgewachsen. Mein Vater war Buchhalter, meine Mutter Kassiererin in einem Restaurant. Die prägendste Figur in meinem Leben war meine Großmutter. Ich habe sie angebetet. Sie führte bei sich zu Hause einen Schönheitssalon und sagte ihren Kundinnen mit Tarotkarten die Zukunft voraus. Sie konnte hypnotisieren und heilte mit den magnetischen Kräften ihrer Hände. Bei ihr habe ich fast jedes Wochenende verbracht. Fast alles, was ich über die Mysterien der Frauenseele weiß, habe ich gelernt, indem ich die Ratschläge belauschte, die sie ihren Kundinnen über Herzensangelegenheiten und Schönheit gab. Ich begriff, dass Kleidung ein Aufputschmittel sein kann, um das Selbstbewusstsein zu stärken und dem grauen Einerlei des Alltags zu entkommen. Ich saß mucksmäuschenstill in einer Ecke und zeichnete. Nach ein paar Minuten war ich für die Frauen ein Möbel geworden. In meinen Zeichnungen gab ich ihnen ein glamouröses Leben. Aus abgearbeiteten Hausfrauen wurden traumschöne Wesen, die elegante Abendroben trugen und die unglaublichsten Frisuren hatten. Viele wundert es, dass ich als Gymnasiast das Selbstbewusstsein hatte, meine Modezeichnungen an siebenundzwanzig Couture-Häuser zu schicken und um eine Anstellung zu bitten. Das Schlüsselerlebnis war die Strafaktion einer Lehrerin. Sie hatte mich erwischt, als ich unterm Pult halb nackte Showgirls zeichnete, die ich am Abend zuvor bei meiner Großmutter im Fernsehen gesehen hatte. Um ein Exempel zu statuieren, heftete sie die Zeichnung an meinen Rücken und ließ mich durch alle Klassenräume der Schule gehen. Aber dieser Spießrutenlauf hatte eine verblüffende Wirkung. Statt mich zu blamieren, verschaffte er mir den Respekt meiner Mitschüler. Alle wollten meine Zeichnungen sehen, und plötzlich war ich so etwas wie eine Persönlichkeit, auf die man neugierig war – aus dem Fiasko war ein Triumph geworden.

Frank Gehry, Architekt: Mein Vater verkaufte Glücksspielautomaten und fuhr Yankee Doodle Root Beer aus. Ich konnte nur Architektur studieren, weil meine Frau als Sekretärin Geld verdiente. 1954 habe ich meinen Nachnamen Goldberg in Gehry ändern lassen, weil ich antisemitische Vorbehalte fürchtete. Mehr als dreißig meiner Vorfahren sind im Holocaust ermordet worden. Sidney Pollack hat 2006 einen Porträtfilm über mich gedreht. Darin sagt mein Psychoanalytiker, mir fehle Selbstvertrauen. Das stimmt wohl. Ich muss bei jedem neuen Projekt wieder mühsam lernen, der Intuition meines inneren Kindes zu vertrauen. Ist der Bau abgeschlossen, möchte ich mir am liebsten die Bettdecke über den Kopf ziehen. Als das Guggenheim-Museum Bilbao fertig war, dachte ich: O mein Gott, was habe ich den Leuten bloß angetan! Aber diese Verunsicherung ist gesund. Meine Selbstzweifel verhindern, dass ich zu sehr von mir eingenommen bin und immer das Gleiche baue. Mein Vater hielt mich für einen verzagten Träumer, aus dem wohl nie etwas werden würde. Inzwischen weiß ich, dass diese Eigenschaft mein wertvollstes Kapital ist.

Rem Koolhaas, Architekt: Die Grunderfahrung meines Lebens ist, dass ich es als Segen empfinde, einer Generation anzugehören, die Hunger erlebt hat. Als ich 1944 geboren wurde, lag meine Heimatstadt Rotterdam zur Hälfte in Schutt und Asche, und meine Eltern lebten in bitterer Armut. Die Reifen ihrer Fahrräder waren aus Holz statt aus Gummi. Meine kindliche Vorstellung von Luxus war entsprechend bescheiden, und das ist bis heute so geblieben. Ich empfinde es als Privileg, aufgrund meiner Herkunft den Unterschied zwischen einem Bedürfnis und einem Wunsch zu kennen. Mentale Stärke entsteht auch dadurch, dass man sich von Überflüssigem fernhält. Der Mangel an Mangel, der heute herrscht, macht Menschen zu flatterhaften, reizsüchtigen Wesen, die vor lauter Wunscherfüllungsversuchen zu nichts Substanziellem kommen.

Charlize Theron, Schauspielerin: An einem Sommertag 1991 kam mein Vater volltrunken nach Hause und drohte, meine Mutter und mich mit einer Schrotflinte zu töten. Während ich mich weinend unter meiner Bettdecke verkroch, griff meine Mutter in Notwehr zu einer Waffe und tötete meinen Vater. In meiner ersten Zeit als Schauspielerin habe ich nach der Methode von Lee Strasberg gearbeitet – und bin schrecklich gescheitert. Wenn Sie als *method actor* eine Trauerszene spielen, sollen Sie sich in eine Tragödie Ihres eigenen Lebens hineinfühlen, um in die passende Stimmung zu kommen. Für mich war das zu düster und schmerzhaft. So zu arbeiten hat mich aufgefressen bis zur totalen Erschöpfung. Wenn das Rotlicht der Kamera anging, war ich müde und energielos. Ich hatte kein Leben mehr und rutschte in eine Depression hinein. Für mich ist es besser, nicht allzu viel über die Schauspielerei nachzudenken. Wenn ein Maler beim Malen übers Malen nachdenkt, steigt die Chance, dass ihm sein Bild misslingt.

Mathias Döpfner, CEO von Axel Springer: Mit vierzehn war ich zwei Meter groß. Meine Größe war mir unangenehm. Sehr kleine und sehr große Jugendliche machen in der Schulzeit die gleiche Erfahrung: Man möchte um alles in der Welt durchschnittlich sein, weil alles, was vom Durchschnitt abweicht, uncool ist und verspottet wird. Ich empfand meine Größe als Anomalie und fragte mich: Warum bin ich nicht so wie all die anderen? Um die fünfzehn herum ist Sport die entscheidende Währung, und ich konnte keinen Sport. Wenn man Sport nicht kann und sich stattdessen für Literatur und Musik interessiert, ist das eher schwierig. Thomas Mann hilft nicht, wenn man beim Fußball immer als Letzter gewählt wird. Als junger, unbekannter Musikkritiker habe ich mir den Autorennamen »M. O. C. Döpfner« zugelegt. Thomas Schröder, der damalige Chefredakteur des *FAZ-Magazins*, sagte mir einmal: »Herr Döpfner, Sie sind doch ein guter Autor. Warum müssen Sie dann einen Werbetrailer vor Ihren Namen stellen?« Plötzlich wurde mir die ganze Lächerlichkeit des Kürzels M. O. C. bewusst. Es ging dann auch mit Mathias Döpfner.

Rolando Villazón, Tenor: Meine Eltern konnten mit Opern lange ebenso wenig anfangen wie ich. Mein erstes Kunsterlebnis hatte ich mit zehn, als mein verrückter Onkel mir einen *magic mushroom* zu essen gab. Als die psychedelische Wirkung des Pilzes einsetzte, las er mir Gedichte von Rimbaud und Trakl vor. Da habe ich erstmals begriffen, wie Worte Türen aufstoßen können. Von da an wollte ich immer zu den Helden der Bücher werden, die ich gerade las. Als ich mit den Memoiren von Gandhi fertig war, rasierte ich mir eine Glatze und kaufte eine Brille, die aussah wie seine. Nach der Lektüre von *Don Quijote* habe ich mein nagelneues Fahrrad so lange demoliert, bis es ähnlich erbärmlich aussah wie Don Quijotes Gaul Rosinante.

Anna Netrebko, Sopranistin: Als Zehnjährige habe ich in meiner Heimatstadt Krasnodar in Südrussland im Palast der Pioniere Songs von Abba im Chor gesungen. Mein Traum war es, ein Musicalstar zu werden. Ich wollte tanzen und Spaß haben. Opernsänger waren für mich singende Brokatvorhänge. Wenn im Radio eine Oper kam, habe ich sofort einen anderen Sender gesucht. Das änderte sich erst, als ich mit siebzehn Verdis *Otello* sah. Das war wie ein Schock. Als der Vorhang fiel, hatte ich Tränen in den Augen. Die Oper hatte mich!

Peter Ustinov, Schauspieler: Ich war schon als Kind so dick, dass ich mir beim Sportunterricht die Schuhe nicht selbst zubinden konnte. Man hänselte mich als »Dickerchen« oder »Klops«. Um dem Spott den Stachel zu nehmen, übertrieb ich meine komischen und tollpatschigen Seiten. Ich verteidigte mich, indem ich meine Mitschüler zum Lachen brachte, und ich lachte über mich selbst, um den anderen zuvorzukommen. Ich wurde komisch aus Notwehr. Mein Spitzengewicht liegt bei hundertzehn Kilo. Diese Hops-Orgien, die sich heute pseudowissenschaftlich Aerobic nennen, waren ebenso wenig meine Sache wie Reiten. Ich schätze es gar nicht, auf etwas zu sitzen, dessen Gesicht ich nicht sehen kann. Rudern missfiel mir auch. Es ist zugig, man schwitzt und fährt dazu noch in die falsche Richtung. Als ich in der Schule in einem Achter mitrudern musste, brach ich wegen meines Gewichts durch den Boden, und wir versanken in der Themse. Das sahen Matrosen eines holländischen Schiffes – doch statt uns zu retten, veranstalteten sie ein Wettspucken auf unsere Köpfe. Danach ließ man mich Tennis spielen, und es stellte sich heraus, dass ich erstaunlich flink sein kann, wenn mir der Grund einleuchtet.

Harald Schmidt, Entertainer: Ich ekle mich davor, angefasst zu werden, sogar von Freunden. Der Grund ist, dass wir bei uns zu Hause immer so eng zusammen waren. Ich lebte mit meinen Eltern, meiner Oma und meinem Bruder zwanzig Jahre lang in einer Drei-Zimmer-Wohnung, die zweiundsechzig Quadratmeter hatte.

Claudia Schiffer, Model: Sobald jemand übers Rotwerden spricht, werde ich sofort rot. Als Kind war ich so schüchtern, dass ich mich hinter den Vorhängen versteckte, wenn Besuch kam. Schüchternheit ist leider ein lebenslängliches Schicksal.

Hans Neuenfels, Opern- und Theaterregisseur: Ich bin ein Suchtmensch, aber man kann nicht sagen, dass meine Inszenierungen die eines Betrunkenen wären. Dafür sind sie einfach zu gut gearbeitet. Der Alkohol setzt aber viele Ecken frei, die man noch gar nicht kannte von sich, und er drückt Ängste weg. Ich trinke Wein oder sehr viel Bier, weil es gleichzeitig beruhigt. Das ist dann wie ein wohliger Mantel um einen, und man ist trotzdem noch aufnahmefähig. Besser wäre es, mit dem Trinken aufzuhören, weil durch den Alkohol sehr viel Zeit draufgeht. Andererseits hat er eine bewusstseinserweiternde und beglückende Wirkung. Die Flachversteher werden jetzt auflachen, aber ohne Alkohol hätte ich viele Höhepunkte nicht erlebt. Durch eine kalte Analyse kommst du nicht auf Dinge. Du musst dich anders aufreißen als über den Intellekt. Sonst bleibt es bei einem Beruf. Alkohol lässt auch Nähe entstehen zwischen Menschen und schafft eine höhere Intimität der Gedanken. Gleichzeitig negiert er die Zeit – und es ist sehr schön, die Zeit zu vergessen. Als Regisseur müssen Sie erfinden und beschwören, und wenn dann die Wirklichkeit in ihrer Buchstäblichkeit so drückend ist, dass sie kein Schlupfloch zur Fantasie lässt, ist Trinken ein kreativer Vorgang. Bei Opernproben mit großen Chören habe ich manchmal eine Flasche Wein taktvoll unten am Regiepult stehen, also nicht ostentativ, aber auch nicht geschummelt. Um den Laden zur nächsten Szene rüberzutragen, fülle ich dann manchmal ein Glas. Mein Vater hat auch getrunken, aber bei dem war das ein bisschen dumpfer als bei mir. Es ist ja ein Ritual des Rheinlandes, dass man mehrmals am Tag kurz eine Kneipe besucht. Das muss man. Ich will nicht sagen, das ist genetisch, aber zumindest ist es landschaftlich bedingt.

Penélope Cruz, Schauspielerin: Meine Mutter arbeitete in einem Schönheitssalon in Madrid. Dort habe ich als kleines Mädchen die Nachmittage verbracht. Ich tat so, als würde ich Hausaufgaben machen, aber in Wahrheit studierte ich die Kundinnen. Ich beobachtete, wie ein neues

Make-up das Verhalten und das Selbstbewusstsein der Frauen verändern konnte. Der Salon wurde zu meiner Schauspielschule. Ich lernte, was Verstellung, Maskerade und Rollenspiel sind, und ich begriff, dass es zur menschlichen Natur gehört, unser Innerstes für nicht vorzeigbar zu halten.

Peter Handke, Literaturnobelpreisträger: Als Internatsschüler schrieb ich meiner Mutter: »Mach dir keine Sorgen um mich. Ich werde sicher weltberühmt.« Das war kein Größenwahn, eher eine Hoffnungslosigkeitsmelodie in dem Sinn: Ich bin eh verloren. Ich war siebzehn und wollte durchs Schreiben vor allem meine Familie retten, weil wir wirklich grauenerregend und hoffnungslos arm waren. Das war mein erster Antrieb. Mein Stiefvater war ein prügelnder Trinker, meine Mutter hat sich 1971 umgebracht. Mein Vorbild mit siebzehn war Françoise Sagan, weil die in dem Alter mit *Bonjour Tristesse* einen gewaltigen Bestseller und ein feines Buch gemacht hat. Ich habe dann nachgelesen, wie Schriftsteller anfangen. Es hieß, man muss sehr früh aufstehen, um einen ganz klaren Kopf zu haben. Ich bin dann immer um vier Uhr früh aufgestanden – und war total müde. Mein Kopf war schwer und gedankenlos, es ging überhaupt nichts. So habe ich an die fünfundzwanzig Fehlstarts gemacht. Im Juni 1963 – ich war einundzwanzig, und der damalige Papst Johannes XXIII. lag im Sterben – habe ich beim Schreiben zum ersten Mal gedacht: Jetzt bist du heraus aus diesem expressiven Strudel. Das ist ein ruhiger Satz, der zugleich zittert. Sechs Jahre später war ich der berühmte Beat-Autor, der bei Lesungen Kreuzworträtsel an die Wand projizierte.

Walter Kempowski, Schriftsteller: Ein Schriftsteller muss sein Trauma kultivieren und als Kraftquelle nutzen. Ich hatte mein Schlüsselerlebnis als Fünfjähriger, als ich meiner Mutter beim Heißmangeln half. Nachdem ich zum dritten Mal das Bettlaken losgelassen hatte, schimpfte meine Mutter: »Deinem Bruder Robert ist das nie passiert!« Als ich später bei den Verhören durch die Russen keine Mitwisser nennen wollte, musste ich drei Tage lang nackt im kalten Wasser sitzen. Das war natürlich Wasser, wo andere Leute schon reingeschissen hatten, eine sogenannte Brühe war das. Es gab weder Rechtsanwalt noch Arzt, und man war immer von fremdsprachigen Menschen umgeben, die einem nie eine Auskunft gaben. Irgendwann war ich dann so weit, meine Mutter zu belasten. Als mir in der Einzelhaft klar wurde, was ich meiner Mutter angetan hatte, habe ich natürlich versucht, mich zu beseitigen. Ich band mir ein Taschentuch um den Hals, steckte einen Löffel hinein und drehte es fest. Durch die Strangulation war das Bewusstsein sofort weg. Ich fand mich auf dem Fußboden wieder, zitternd. Es hatte nicht funktioniert. Das war der Tiefpunkt, auf den sich alles bezieht, was ich tue.

Heiner Lauterbach, Schauspieler: Es ist ganz einfach: Ich hatte Langeweile, also habe ich jahrelang gesoffen und gehurt. Ich finde Leute grausig, die banale Gründe mit Tiefenpsychologie oder ihrer Mutti rechtfertigen und einen Scheiß sagen wie: »Mit dem Trinken bin ich vor mir selbst davongelaufen.« Ich bin morgens um elf in die Kneipe gegangen und habe zwölf Stunden lang gesoffen. Das war teilweise extrem amüsant und teilweise ziemlich stumpfsinnig. Das bleibt nicht aus bei zehntausend Besäufnissen. Saufen ist eben doch eine ziemlich banale Beschäftigung.

Jane Goodall, Schimpansenforscherin: Mein wissenschaftliches Interesse an Tieren begann offenbar schon mit vier Jahren. In diesem Alter wurde ich von meiner Mutter bei der Polizei als vermisst gemeldet. Man fand mich schließlich im Hühnerstall. Dort hatte mich fünf Stunden lang die Frage beschäftigt, wo bei einer Henne die Öffnung ist, die groß genug ist, um ein Ei herauszulassen.

Einar Schleef, Theaterregisseur: Mit sechzehn bin ich in der Nähe meines Heimatortes Sangerhausen aus einem fahrenden Zug gestürzt. Das war an einem Freitag, dem 13. Der Zug sollte ausrangiert werden, deshalb hatte man bereits die Türschlösser entfernt. In einer Kurve ist dann die Tür aufgegangen, gegen die ich lehnte, und ich fiel in einen Stapel Betonschwellen. Ich lag dann ein Jahr lang im Acht-Bett-Zimmer eines Krankenhauses. Unser Zimmer hieß »Himmelfahrtskommando«. Überlebt habe nur ich. Ich hatte Gips an Arm und Bein und war die ersten Wochen blind. Kot lief aus dem Körper und glitschte mir am Leib runter. Ich war nur Schmerz. In den ersten Wochen im Krankenhaus brachte ich kein einziges Wort heraus. Dann musste ich Sprache völlig neu lernen. Seither stottere ich heillos. Im Kopf ist ein Bruch passiert. Die Sprache hat sich in mir verbarrikadiert. Sie tobt und schlägt gegen die Schläfen. Manchmal halte ich mir den Mund zu oder beiße auf die Lippen, um die Leute nicht zu erschrecken. Mein Stottern hat mich verbogen, das ist ganz klar. Aber was die Welt verändert, kommt immer aus der Verzweiflung. Man wird zum Außenseiter und bleibt das. Unter diesem schiefen Blick sieht man die Zusammenhänge anders.

Paulo Coelho, Bestsellerautor: Mit Mitte zwanzig war ich einer der berühmtesten Songtexter Brasiliens und schwamm im Geld. Dann wurde ich von einer paramilitärischen Gruppe entführt und gefoltert. Diese Irren wurden aus meinen Rocktexten nicht schlau, und was sie nicht verstanden, hielten sie automatisch für gefährlich. Ich habe keinen meiner Folterer je zu Gesicht bekommen. Bevor man mich aus meiner Zelle holte, wurde mir jedes Mal eine schwarze Kapuze über den Kopf gezogen. Im Verhörraum musste ich mich dann nackt ausziehen. Ich bekam Schläge, und man gab mir Elektroschocks in die Genitalien. Die Qualen waren grauenhaft, aber schlimmer waren die Erniedrigung und die Erfahrung reiner Grausamkeit. Das Schlimmste an der Folter war für mich nicht der Schmerz – es waren die Tage in der Dunkelzelle. Sie war zwei mal zwei Meter groß. Ich war allein im Dunkeln, und ab und zu wurde eine Sirene über meinem Kopf angeschaltet. Ich wusste nie, wann sie angeht und wann sie wieder ausgeht. Ich öffnete und schloss meine Augen und sah dasselbe: Schwärze. Man verliert das Gefühl für Raum und Zeit. Deshalb kann ich bis heute nicht sagen, wie viele Tage die Folter dauerte. Meine damalige Frau wurde mit mir entführt und ebenfalls gefoltert. Als ich zur Toilette geführt wurde, rief sie: »Paulo, bist du das?« Ich habe ihr aus Angst nicht geantwortet, weil wir Sprechverbot hatten. Ich bin nie wieder so feige gewesen wie in diesen Sekunden. Sie war viel tapferer als ich, so wie alle Frauen tapferer sind als Männer. Als man mir befahl, mich nackt auszuziehen, habe ich sofort gehorcht. Als man ihr sagte »Zieh dich aus!«, antwortete sie: »Kommt her und macht das selber! Ich werde euch das nicht abnehmen.« Natürlich haben sie es gemacht, aber immerhin hat sie sie herausgefordert. Durch mein feiges Schweigen habe ich ihren Respekt verloren. Als wir uns bei der Entlassung gegenüberstanden, war von ihren Gefühlen für mich nichts mehr übrig. Sie hatte nur eine Bitte an mich: »Sage nie wieder meinen Namen!« Wenn ich von ihr spreche, sage ich immer nur »meine Frau ohne Namen«. Sie hat mir nicht verziehen. Sie entschied, sich an mir zu rächen, und ließ mich leiden. Dadurch war sie verloren, denn wer Rache übt, verletzt sich dabei auch selbst. Als wir uns nach zehn Jahren wiedersahen, merkte ich: Sie ist immer noch im Gefängnis, ich nicht.

Jorge Semprún, Schriftsteller: Als die Gestapo am 8. Oktober 1943 meinen Unterschlupf durchsuchte, war ich neunzehn Jahre alt. Ich wurde zur deutschen Feldgendarmerie gebracht und zusammengeschlagen. Es war banal, die wollten sich amüsieren. Das war nicht systematisch, nicht wissenschaftlich. Bamm, bamm, bamm, so war das. Die systematisch gestaffelte Folter fand dann in der Villa der Gestapo in Auxerre statt und dauerte fünfzehn Tage. Die Befehle erteilte ein gewisser »Dr. Haas«, der stets bester Laune war. Im Garten wurde ich an meinen mit Handschellen auf dem Rücken gefesselten Händen am Ast eines Baumes hochgezogen, dann ließen die Deutschen einen scharfen Hund auf mich los. Feixend schauten sie zu, wie ich strampelte, um nicht in die Beine gebissen zu werden. Die nächste Folterstufe nannte Dr. Haas »Die Badewanne«. Mein Kopf wurde so lange unter Wasser gedrückt, bis ich kurz davor war zu ertrinken. Um meinen Widerstandswillen zu stärken, hielt ich nach Zeichen Ausschau, dass es eine Welt jenseits der Folter gab – der blassblaue Himmel am frühen Morgen auf dem Weg zum Verhör oder die Geste eines unbekannten Mitgefangenen auf dem Gang. Ich habe mit angesehen, wie Menschen unter der Folter brachen. Dass ich schwieg, hatte einen einzigen Grund. Ich war ein kommunistischer Widerstandskämpfer und wusste deshalb genau, warum die Gestapo mich folterte. Auch die Brutalität hat mich keine Sekunde überrascht. Deshalb konnte die Folter mein Weltvertrauen nicht zerstören. Für mich hatte mein Leiden einen politischen Sinn. Der Leiter der Gedenkstätte Buchenwald erhält immer wieder Briefe, in denen sich ehemalige Gefangene erkundigen, ob sie in Buchenwald begraben werden können. Ich verstehe dieses Heimatgefühl. Auch für mich ist Buchenwald die Essenz meiner Erfahrung und Identität. Etwas Wichtigeres habe ich danach nicht mehr erlebt.

John Updike, Schriftsteller: Meine Großmutter und meine Mutter hatten Psoriasis. Bei mir ging die Schuppenflechte mit sechs los, und mich traf es in unserer Familie am schlimmsten. Diese Krankheit fügt einem weder Schmerz noch Schwäche zu – nur das lauernde Gefühl grenzenloser Peinlichkeit und Selbstverachtung. Deine vom Ausschlag blühende Haut sondert dich ab und ist eine nie versiegende Quelle von Scham und demütigender Schande. So wie ich meine jämmerliche Haut zu verstecken versuchte, versteckte ich meine Seelennot. Ich wurde ein Experte für Geheimhaltungsstrategien, für Tarnungen, Verhüllungen, Masken und Verstellungen. Diese Camouflage-Techniken helfen, aus dir einen guten Romanautor zu machen. Auch meine Selbstbesessenheit und mein Beobachtungszwang haben sicher damit zu tun, dass ich jahrzehntelang im Krieg mit meiner Haut war. Psoriasis treibt dich zwanghaft vor den Spiegel.

Luc Bondy, Regisseur: Illusionen sind etwas Wunderbares, und ewig möchte man in diesem gleichzeitig nüchternen und schwebenden Kokain-Zustand leben. Die Neugierde ging dann irgendwann verloren. Es wurde Sucht. Ich wurde so ein Möchtegern-Junkie, der gleichzeitig ein wenig ein Künstler war. Es folgten die Depressionen. Die musste ich natürlich wegzaubern – o Kokain! Ich habe Kokain vor allem nachts nach den Proben genommen. Am Morgen danach ist man natürlich durch die Droge beeinflusst, gar nicht mal negativ, denn Müdigkeit ist ja manchmal ein Erkenntnismittel. Auf Dauer aber macht Kokain total autistisch. Es ist eine narzisstische Droge, die das Leben bloß nachahmt. Ich versuchte aufzuhören, aber man erfindet ein System von Lügen. Man sagt sich, man macht es nur heute, oder man setzt einen Punkt fest, an dem man angeblich aufhört. Ich konnte nicht mehr aufstehen. Ich habe immer am Morgen die Vorhänge zugemacht, denn das Tageslicht und das Vogelzwitschern waren wie das schlechte Gewissen. Ich habe mich auch nie im Spiegel angeguckt. Ich hatte Angst, dass ich an mir sehe, dass ich Drogen nehme. Und man hat es ja auch gesehen. Also habe ich mir die Zähne neben dem Spiegel geputzt.

Gregor Gysi, Politiker: Mit acht litt ich an einer Herzinnenwand-Entzündung. Ich lag sechs Monate und eine Woche in der Charité in Berlin, anschließend noch einmal so lange zu Hause. Wegen der strengen Bettruhe und der Einnahme unzähliger Medikamente nahm ich immer mehr zu und bekam einen Hautausschlag, der mich für die Charité-Professoren zum interessanten Fall machte. Ohne mich oder meine Eltern um Erlaubnis zu fragen, schob man mich nackt in einen Hörsaal mit sechshundert Studentinnen und Studenten, die dann einzeln an mir vorbeizogen. Ich fand es eine Unverschämtheit, dass ich da nackt ausgestellt wurde wie ein gefühlloses Stück Fleisch, und fühlte mich in meiner Würde tief verletzt. Manche betrachteten nur meinen Hautausschlag, aber nicht wenige schauten mir auch in die Augen. Das demütigte mich noch mehr als die Scham wegen meiner Nacktheit. Diese Erfahrung meiner Ohnmacht und Wut wirkt bis heute bei meinen politischen Entscheidungen nach.

Susanne Lothar, Schauspielerin: Mit siebzehn lag ich in der Badewanne und stellte mir vor, wie es sein muss, wenn man auf der Bühne steht und tausend Zuschauer verführt: Ich spiele und spüre dabei, dass die mir zuhören wie kleine Kinder, denen die Mutter ein Märchen vorliest. Dann bin ich einmal in der Wanne untergetaucht, und mein zweiter Gedanke war, wie ich mich am Ende verbeuge, und alles ist begeistert und klatscht. Wegen dieses totalen Wonnegefühls entschied ich mich, Schauspielerin zu werden.

Michael Caine, Schauspieler: Alle Welt glaubt, ich hätte schon immer einen Schlag bei Frauen gehabt. Dabei war ich am Strand immer der Letzte, der sich auszog. Ich war klapperdürr und kurzsichtig und hatte Segelohren, die meine Mutter abends mit Klebeband an meinem Kopf befestigte. Ich komme aus einer lupenreinen Proletarierfamilie, habe aber keine Probleme, den vornehmen Sir Michael Caine zu geben – ich bin eben ein passabler

Schauspieler. Schauen Sie sich meine eleganten und weltläufigen Freunde Sean Connery und Roger Moore an. Mit Sean habe ich früher Geld von der Sozialhilfe abgeholt, und Rogers Vater war ein kleiner Polizist. Heute sind wir Gentlemen, denn wir sind nie unabsichtlich unhöflich. Ein Gentleman ist jemand, der Akkordeon spielen kann, es aber nicht tut. Ich empfinde England als Klassengesellschaft und lebe in einem Anwesen in Surrey mit sechs Schlafzimmern und privatem Kino. Ist das ein Widerspruch? Nein. Ich will ein Land ohne Klassenunterschiede, aber ich will kein Land ohne Klasse. Ich habe mich zeitlebens als Außenseiter und Opfer britischen Hochmuts gefühlt. Mein Cockney-Akzent ist in meiner Heimat das, was schwarze Haut in den USA ist. Bis ich meinen ersten Erfolg als Schauspieler hatte, war ich knapp dreißig. Die englischen Filmkritiker kommen fast alle aus der oberen Mittelschicht. Deshalb haben die mich vierzig Jahre lang verrissen. Die können nicht vergessen, dass ich eigentlich Maurice Micklewhite heiße und aus dem Londoner East End komme. Mein Vater schleppte Kisten auf dem Fischmarkt. Als ich ihm sagte, ich will Schauspieler werden, war das für ihn so, als hätte ich gesagt, ich bin schwul. Als er an Leberkrebs starb, hinterließ er uns drei Schillinge und acht Pence. Heute bin ich der Albtraum der britischen Bourgeoisie: ein Cockney-Proll, der es zum mehrfachen Millionär gebracht hat und weiß, dass Amuse-Gueule etwas ist, was man essen kann. Sobald ich Dünkel bei jemandem spüre, kann ich nicht länger freundlich tun. Lieber lecke ich Bürgersteige ab. Man wirft mir vor, bei der Wahl eines Weines kritischer zu sein als bei der Wahl meiner Rollen. Für einen schlechten Film kriege ich aber nun mal genauso viel bezahlt wie für einen guten.

Arnold Schwarzenegger, Schauspieler: Der kleine Arnold war ein schüchterner dünner Junge mit dicker Brille und Segelohren, der sehr oft krank war. Wenn mein Vater bei der Gendarmerie Nachtdienst hatte, musste mich die Mutter um drei Uhr in der Früh zwei Stunden lang im Rucksack über den Berg nach Graz tragen, weil es bei uns im Dorf keinen Doktor und kein Telefon gab. Mit fünfzehn bekam ich ein amerikanisches Magazin in die Hand. Auf dem Titel war Reg Park, ein Bodybuilder, der es in Hollywood zum Filmstar gebracht hatte und in Südafrika ein Fitness-Imperium besaß. Er wurde mein Vorbild. Sein Leben wollte ich haben. Und etwas sagte mir, ich werde es schaffen. Ich ernährte mich wie er, kopierte seine Workouts und hängte sein Foto über mein Bett. Die Vision, Reg Park zu werden, hat mich angetrieben, sechs Mal in der Woche drei bis vier Stunden zu trainieren. Mit fünfzehn wog ich fünfundsiebzig Kilo und stemmte vierzig Tonnen am Tag. Ein paar Jahre später wog ich hundertfünfundzwanzig Kilo und schaffte beim Bankdrücken zweihundertachtunddreißig Kilo. Mein Bizeps maß fünfundfünfzig Zentimeter. Ich hasse es, wenn ich wie alle anderen bin, deshalb war meine Willensstärke grenzenlos. Die Eltern waren verzweifelt und schimpften über meine Besessenheit: »Andere Jungs hängen sich nackte Mädchen an die Wand. Warum musst du nackte Männer aufhängen?«

Wolf Schneider, Sprachkritiker: Mit zehn Jahren bekam ich ein Sprechproblem. Ich war der Jüngste unter vierzehnjährigen Riesen, die das große Wort führten. Eines Tages war ich beim Anfangen vernagelt. Das erste Wort kam nicht heraus. Offenen Mundes blieb ich stumm. Um nicht zum schweren Stotterer zu werden, dachte ich mir Sätze aus, die mit *M* anfangen, und summte das erste Wort vor mich hin. Erschien die Gesprächssituation günstig, wechselte ich vom Summen ins Sprechen. Das war ein Erweckungserlebnis. Kaum konnte ich wieder frei sprechen, bot ich meinen Kameraden einen Wettstreit an: Wer schafft es, ein Wortungetüm mit neunundzwanzig Silben am schnellsten fehlerfrei herunterzurasseln? Das Wort hieß »Hottentottenstottertrottelmutterattentäterlattengitterwetterkotterbeutelrattenfangprämie«. Mit diesem Bandwurm habe ich mir mein Leben lang vor Auftritten die Zunge geschmiert, manchmal auf der Herrentoilette, weil es keiner hören sollte. Es heißt, Höchstleistungen seien die Kompensation einer Schwäche oder Kränkung. Diese Theorie könnte richtig sein. Es war eine Zurücksetzung, nichts sagen zu können. Deshalb schließe ich nicht aus, dass mein späterer Beruf damit zusammenhängt. Aber nötigen Sie mich bitte nicht zu psychologischen Feststellungen. Ich kenne mein Selbst so wenig wie Sie das Ihre. Es ist mir auch völlig egal. Motive sind Luxus, und Gründe sind die Pest!

Gerhard Schröder, ehemaliger Bundeskanzler: An meiner Wiege war nicht gesungen worden, dass ich mal Kanzler werde. Mein Vater war reisender Hilfsarbeiter auf Jahrmärkten. Er starb fünf Monate nach meiner Geburt an der Ostfront. Meine Mutter war eine unehelich geborene Putzfrau und musste fünf Kinder durchbringen. Sie war auf Armengeld angewiesen. 1947 zog sie mit uns in eine Holzbaracke in Wülfer-Bexten, fünfzehn Kilometer östlich von Bielefeld. Das Behelfsheim ragte auf den Fußballplatz vom TuS Bexterhagen. Wir bewohnten zwei Zimmer ohne Bad und fließend Wasser. In einem Anbau gab es ein Plumpsklo. Weil die Fußballer die Baracke weghaben wollten, droschen sie den Ball absichtlich an unsere Wände. An dieses Geräusch kann ich mich noch sehr gut erinnern. Meine Kleidung stammte aus der Kleiderstube der Fürsorge, auf mein Schulbrot kam nicht Wurst, sondern Zucker. In der Anfangszeit sah uns die Dorfgemeinschaft als Außenseiter. Das Gefüge von Oben und Unten war klar geregelt, und mir wurde oft genug klargemacht, dass ich unten bin. Mit vierzehn begann ich eine Lehre als Einzelhandelskaufmann in der Gemischtwarenhandlung August Brand in Lemgo. Ich sollte Porzellan, Küchengeräte, Spielzeug und Kinderwagen verkaufen, aber in den ersten beiden Lehrjahren war ich die meiste Zeit mit Ein- und Auspacken und Saubermachen des Linoleumfußbodens beschäftigt. Als ich Kanzler war und der Laden in Schwierigkeiten geriet, stand in irgendeiner Zeitung, dass meine Wirtschaftspolitik für die Probleme verantwortlich sei. Ich antwortete, dem sei nicht so. Wäre ich bei August Brand geblieben, dann wäre das heute ein florierender Großbetrieb mit Filialen, verstreut über ganz Deutschland. Wenn meine Mutter verzweifelt war, versuchte ich sie mit dem Satz zu trösten: »Irgendwann werde ich dich mit einem Mercedes abholen.« Daraus wollte Mercedes-Benz mal eine Werbekampagne machen. Das musste ich aber ablehnen. Das Versprechen, sie mit einer Limousine abzuholen, habe ich dann ja wahr gemacht, wobei es halt meist ein Audi war.

Angelina Jolie, Schauspielerin: Mit zehn ging ich an der Seite meines Vaters John Voight in einem weißen Prinzessinnenkleid zur Oscar-Verleihung. Um die Wahrheit über diesen Tag zu sagen: Ich habe mich unendlich gelangweilt! Der Grund ist, dass ich in diesem Business aufgewachsen bin. Ich war als Kind oft auf Filmsets, deshalb habe ich Schauspieler nie für etwas Besonderes gehalten. Ich sah mit eigenen Augen, dass das ziemlich gewöhnliche Menschen sind. Meine deutlichste Erinnerung an den Oscar-Tag ist das Gefühl von Konkurrenz. Mein Bruder war krank vor Sorge, ob unser Vater auch wirklich gewinnen würde. Ich war von Menschen umgeben, die sich offensichtlich sehr unwohl fühlten. Mit sechzehn zog ich von zu Hause aus, mit siebzehn stand ich vor einer Filmkamera, mit neunzehn kaufte ich mir eine Eigentumswohnung, mit zwanzig heiratete ich, mit vierundzwanzig zum zweiten Mal, mit sechsundzwanzig adoptierte ich mein erstes Kind. Die Triebfeder für meine verfluchte Eile war, dass ich nur ans Heute glaubte und Panik hatte, mein Leben bloß halb zu leben. Meine Großmutter und meine Mutter sind früh gestorben. Deshalb habe ich nie glauben können, dass es in meinem Leben Märchen, Happy Ends und eine perfekte Familie geben wird. Ich muss daran arbeiten, dass es mir gelingt, durchzuatmen und mich über mein Leben zu freuen. Weil ich weiß, wie abrupt ein Leben zu Ende sein kann, denke ich am Ende eines Tages immer, ich hätte nicht genug getan. Dieses Gefühl von Dringlichkeit lässt mich einfach nicht los. Ich versuche aber, zu einer Person heranzuwachsen, mit der ich leben kann und auf die ich stolz bin. Ich versuche, der beste Mensch zu werden, der ich sein kann.

Steven Spielberg, Filmregisseur: Bis heute basiert jeder meiner Filme auf etwas, das in meiner Kindheit geschehen ist. Meine Albträume von damals habe ich lebendig vor Augen. Sollte ich auch schöne Träume gehabt haben, habe ich sie vergessen. Die Ausnahme sind Träume, in denen ich fliegen kann. Als ich sechs Jahre alt war, sagte ich jeden Abend beim Schlafengehen zu meiner Mutter: »Ich hoffe, ich steige heute Nacht wieder in den Himmel auf.« Das Unheimliche war, dass ich meine Flugträume kontrollieren konnte. Wenn ich in Büchern Bilder von großartigen Orten entdeckte, sagte ich laut vor mich hin: »Da fliegst du heute Nacht hin!« Meine Träume gehorchten meinen Anweisungen, als wäre ich der Regisseur eines Fantasyfilms. Leider funktionierte das nur zwei, drei Jahre lang. Aus dieser Zeit kommt meine Besessenheit für alte Flugzeuge. Mit zwölf bekam ich die Super-8-Kamera meines Vaters in die Hände. Seither steige ich in den Himmel auf, indem ich Filme drehe. Mein Flugzeug ist die Kamera. Ihr sage ich, was ich sehen möchte. Meistens gehorcht sie. Meine Einbildungskraft als Kind war so stark, dass es kaum etwas gab, das mir nicht sofort Höllenangst einjagte, Disneyland inklusive. Wenn Kinder etwas sehen, das sie nicht verstehen, werden sie neugierig. Ich aber reagierte mit Panik. War etwas riesig, fing ich zu schlottern an. Als ich sieben war, zeigte mein Onkel mir die National Mall in Washington. Der Höhepunkt unserer Tour war das Lincoln Memorial mit der fast sechs Meter hohen Marmorskulptur des sitzenden Abraham Lincoln. Als ich Lincoln in sein Riesengesicht schaute, musste ich die Augen schließen, weil ich vor Angst zitterte. Viele meinen, das wichtigste Kapital eines Künstlers sei eine unglückliche Kindheit, denn wer nicht gelitten habe, habe auch nichts zu sagen. Das ist mir zu simpel. Es gibt keine Generalformel, die alle schöpferischen Menschen erklärt. Gäbe es sie, könnte man Künstler duplizieren. Was hat Tim Burton zu Tim Burton gemacht? Was hat mich zu Steven Spielberg gemacht? Beide haben wir unseren eigenen Weg durchs

Leben gefunden, aber warum wir gerade diesen Weg gegangen sind, wird nie jemand erklären können.

Andreas Deja, Chefzeichner bei Disney: Wenn Sie ein Kind zum Zeichnen bringen wollen, legen Sie ihm Papier auf den Tisch, dazu Fingerfarben, Wasserfarben, Kreide und Buntstifte. Und dann lassen Sie das Kind in Ruhe. Wenn Sie ein Thema vorgeben oder sagen, halt, eine Kuh hat nicht drei Beine, sondern vier, haben Sie alles falsch gemacht. Wenn beim Kind die Lust am Zeichnen nicht in Gang kommt, auch gut. Fußballspielen ist nicht schlechter als Zeichnen. Wenn Ihr Kind ein Picasso ist, können Sie die Hände in den Schoß legen. Große Begabungen bedürfen keiner Förderung. Das Genie eines Menschen ist Teil seiner Biologie, es bricht sich von alleine Bahn.

Robbie Williams, Musiker: Die früheste Kindheitserinnerung von Ihnen ist vielleicht, dass Sie ein Eis geschenkt bekommen. Meine ist, dass mich zwei Jungen am Strand auslachen, weil mein Bauch dicker ist als ihrer. Und die beiden hatten recht: Mein Bauch sah aus, als würden da zwei Welpen drin kämpfen. Das ist schon ziemlich kaputt, wenn man sich nur an Selbstzweifel und Unsicherheiten erinnern kann. Als ich zwölf war, fragte meine Großmutter, was ich mal werden will. Ich sagte: »Ein Millionär, der auf der ganzen Welt berühmt ist.« Die Leute am Tisch haben die Wände angeschaut und in ihrem Tee herumgerührt. Wenn man innerlich ein Kind geblieben ist, gibt einem Applaus Selbstbestätigung. Das ist wie ein Spiegel, in dem man sich schön findet. Nehmen Sie mir das Mikrofon weg, und ich bin schüchtern und unsicher. Nehmen Sie mir den Beifall weg, und ich bin in kürzester Zeit ein

Wrack. Ich kann vor hunderttausend Zuschauern auftreten, aber ich werde zum zitternden Nervenbündel, wenn ich mich in einer Bar mit jemandem unterhalten soll, den ich nicht schon jahrelang kenne.

Harald Schmidt, Entertainer: Mit Mädels hatte ich Schwierigkeiten. Ich war der Typ, der in der Ecke steht und lästert. Mein Problem war: scheiße ausgesehen und einfach nichts draufgehabt, was den Mädels imponiert hätte. Die Dates hatten die Sportstars der Schule. Hätte ich bei den Bundesjugendspielen viertausend Punkte gemacht und keine Akne gehabt, hätte ich keine Witze machen müssen. Ich war achtzehn, als ich das erste Mal mit einer Frau schlief. Eigentlich bin ich ein schwäbisches Würstchen, das vielleicht im Fernsehen netter wäre, wenn ich schon früher an die Weiber rangekommen wäre. Mein Zynismus war lange eine Schutzfunktion: Der picklige Knabe entdeckt den Witz als Waffe und verwandelt seine Schwäche in Stärke. Ich bin auch auf der Schauspielschule und später am Theater in Augsburg absolut getreten worden. Ich habe mir das nur reinziehen können, weil ich immer von dieser Vision beflügelt war: Eines Tages bist du ganz oben, und dann zeig ich's allen!

Peter Ustinov, Schauspieler: Bei der Geburt wog ich elf Pfund. Dick auf die Welt zu kommen ist bei uns eine Familieneigenschaft. Meine Mutter wusste nie, wo bei mir vorn und hinten ist. Ich war ein kugelrundes Buddha-Baby, das ständig lächelte und sich kaum bewegte. Bis heute mögen mich Säuglinge, weil sie auf den ersten Blick glauben, ich könnte ihnen Milch geben. Zu Kindern dagegen hatte ich nie ein gutes Verhältnis – nicht einmal als Kind. Wenn andere Kinder unartig waren, drohte man ihnen mit mir als Spielkamerad. Da ich ein Einzelkind war, musste ich selbst für Unterhaltung sorgen. So wurde meine Fantasie mein Spielkamerad.

Allegra Curtis, Tochter von Tony Curtis: Mein Vater erzählte ständig Witze, damit niemand in seine depressive Seele blicken konnte. Zu Hause lief er meist splitternackt oder in winzigen, weißen Slips herum. Das war sein Verständnis von kalifornischer Freiheit und Liberalität. Mir war das immer peinlich. Wenn er mich in Unterhose zur Schule fahren wollte, bat ich ihn, wenigstens ein T-Shirt anzuziehen. Zu unseren Nachbarn gehörte der *Dallas*-Star Larry Hagman. Die beiden lagen oft stundenlang mit ihren cremeweißen Stetsons im Whirlpool, rauchten dicke Joints und kicherten vor sich hin. Solche Szenen mit anzusehen, war mir genauso unangenehm wie die zu engen Unterhosen meines Vaters. Meine Stiefmutter griff immer häufiger zur Wodkaflasche und schlug torkelnd auf meinen Vater ein. Er stieg vom Kiffen auf härtere Drogen um. Meine beiden Erziehungsberechtigten lagen oft in abgedunkelten Zimmern *stoned* auf ihren Betten und waren stundenlang nicht ansprechbar. Für einen dreizehnjährigen Teenager war das der blanke Horror. Zu meinen Schulkameraden gehörten die Kinder von Marlon Brando und Elvis Presley. Die erzählten Ähnliches von zu Hause. Mein Vater rauchte Freebase, chemisch aufbereitetes Kokain. Diese Droge hat ihn zerstört. Wenn ihn Selbstmitleid und Schwermut überfielen, ging er ins Bad und verstopfte die Türritzen mit Handtüchern. Das sollte verhindern, dass ich den Rauch aus seiner Pfeife einatme. Wenn er das Badezimmer verließ, war er plötzlich ein fröhlicher Spaßvogel. Einmal war er so high, dass er mich fragte, ob ich mitrauchen wolle. Aber wer träumt schon davon, mit dem eigenen Vater Drogen zu nehmen?

Udo Jürgens, Musiker: Ich habe zeitlebens unter Albträumen und chronischer Schlaflosigkeit gelitten. In meinen Träumen bin ich Tausende Male zu atonaler Musik erschossen worden und habe litfaßsäulengroße Walzen gesehen, die sich immer schneller drehten. Als Kind hatte ich jede Nacht Schreikrämpfe. Ich habe mich nie einer Therapie unterzogen. Dieses Wegradieren von seelischen Zuständen durch Psychoanalytiker halte ich für sehr fragwürdig. Vielleicht hat es einen Sinn, dass ich die Dinge so verarbeite. Ich will gar nicht leidensfrei sein. Ich brauche das Pendel von Euphorie und Depression, denn Vernunft ist das Ende der Kreativität. Letztlich bin ich so, wie ich bin, das geworden, was ich bin.

Hans Werner Henze, Opernkomponist: Als Kind hatte ich O-Beine, Schielaugen, und das linke Bein war kürzer als das rechte. Deshalb mein zwanghaftes Mühen um künstlerische Makellosigkeit. Das Gelingen der Komposition ist meine Rache an den alten körperlichen Defekten. Am besten komponiere ich, wenn ich unglücklich bin. Deswegen musste ich mich pausenlos unglücklich machen. Vielleicht ist da auch noch ein Rest Kleinbürgermoral in mir, die sagt: »Als Homosexueller hast du gar nicht das Recht, glücklich zu sein.« Dann und wann sucht mich das sogenannte Böse heim. Ich werde dann krank und verschlossen und aggressiv. Das ist bei mir wie ein Bakterienherd, der unversehens explodiert. Eine riesige Rolle spielt, dass ich ein ganz eifersüchtiger Mensch bin, der beim anderen immer Beweise für Lieblosigkeiten finden will. In meinen Freundschaften gibt es immer diese Gier, jemanden vollkommen und bedingungslos zu meinem Eigentum zu machen, ihn mir einzuverleiben. Die Bitternis der Eifersucht geht bei mir bis zum Todeswunsch. Nur ich durfte promisk sein, niemand sonst. Unsäglich. Wenn die Liebe am schönsten war, habe ich sie kaputt gemacht. Vom Trennungsschmerz konnte ich nie genug kriegen. Der Kummer über zerfetzte Gefühle produziert ja sehr brauchbare Noten.

*Über Freundschaft
und Einsamkeit*

»Gegner tauschen Eigenschaften aus«

Friedrich Dürrenmatt

Julian Schnabel, Maler: Jeff Koons hat mich mal zu seinem Geburtstag eingeladen. Es waren eine Menge Leute da. In seiner Rede sagte Jeff, er liebe jeden im Raum. In einer ruhigen Minute fragte ich ihn, ob er noch bei Trost sei, von vielen Anwesenden kenne er doch deren dunkle Seite. Jeff sah mich an, als hätte ich behauptet, die Erde sei eine Scheibe. Ich bewundere Menschen wie ihn, die es schaffen, nie schlecht über andere zu reden.

Frank Gehry, Architekt: Ich habe mich 1954 als junger Familienvater bei meinem berühmten Kollegen Richard Neutra beworben, der damals Mietshäuser für Menschen mit wenig Geld entwarf. Ich war ein idealistischer Sozialist, deshalb begeisterte mich dieses Projekt. Neutra war von meinen Zeichnungen begeistert und sagte, ich könne Montag bei ihm anfangen. Ich fragte ihn, ob wir nicht vorher über Geld sprechen sollten. Er sagte: »Das ist nicht nötig. Montag wird Ihnen meine Assistentin sagen, was Sie zahlen müssen, um bei mir arbeiten zu dürfen.« Ich bin aufgestanden und habe nie wieder einen Fuß in sein Büro gesetzt.

Anjelica Huston, Schauspielerin: Ich stehe seit einem halben Jahrhundert vor Kameras. Der Respekt unter Kollegen ist deutlich kleiner geworden, weil es heute so viele übersteuerte Egos gibt. Beim Dreh von *Der Kindergarten Daddy* legte Eddie Murphy höchsten Wert darauf, stets als Letzter am Set zu erscheinen. Da es sehr heiß war, fragte ich ihn, ob wir nicht gleichzeitig unsere klimatisierten Wohnwagen verlassen könnten. Er schüttelte den Kopf und sagte: »No, ladies first.« Tom Cruise lässt sich Gesichtsmasken mit Nachtigall-Exkrementen anmischen. Ich warte meinen Körper so, wie man ein in die Jahre gekommenes Auto wartet, das einem lieb und teuer ist. Man sollte allerdings darauf achten, dass man mehr Zeit mit dem Fahren verbringt als mit der Wartung.

Robbie Williams, Musiker: Wenn Elton John einkaufen geht, gibt er an einem Tag bis zu achthunderttausend Euro aus. Wir sind mal zusammen in einen Modeladen gegangen. Ich hielt mich für unglaublich verwegen und dekadent, als ich ein halbes Dutzend Anzüge kaufte. Dann war Elton dran. Er sagte nur: »Und ich nehme alles, was auf diesen drei Regalwänden ist. Einzupacken brauchen Sie nichts. Ich schicke einen Laster vorbei.«

Claus Peymann, Intendant und Regisseur: Als ich das Burgtheater für die weniger Begüterten geöffnet habe, kauften die Großbürger gleich drei Karten: eine für sich und zwei, damit die Plätze rechts und links von ihnen frei blieben. Die wollten nicht mit diesen Parias in Jeans und T-Shirt in Berührung kommen. Das habe ich ihnen vermasselt, indem ich anordnete, dass nach dem ersten Bild alle Zuschauer von hinten nach vorn dürfen.

Dieter Dorn, Theaterregisseur: Private Freundschaften zu Schauspielern werden schnell ein Verhängnis, weil sie die notwendige Fremdheit und Objektivität zersetzen. Durch Verbrüderung und Vertraulichkeiten entsteht bei Proben ein Mehrklassensystem, schon allein durch das Du und Sie. Das Ensemble spürt dieses Gefälle, und dann werden diese Wundermenschen zu einer bösartigen Raubtiergruppe, wo Ihnen der Bär mit seiner Tatze eine reinhaut, weil Sie zu jemand anderem netter waren als zu ihm.

Ich habe eine ganz große Liebe zu einigen Schauspielern, aber man muss neugierig aufeinander bleiben – und das geht am besten, wenn man einen Theatertext zwischen sich hat.

Paulus Manker, Schauspieler: Schauspielerei ist Lebensflucht. Das gilt zumindest für die Kollegen, die ich bewundere. Viele Regisseure verachten Schauspieler, denn grandiose Schauspieler sind schwer auszuhalten. Sie müssen launenhafte Egomanen, komplizierte Selbstbespiegler und selbstsüchtige Exhibitionisten sein, sonst wären sie langweilig anzuschauen. Wer zwischen Bühne und Leben trennen kann, spielt auch entsprechend.

Oswalt Kolle, Sexualaufklärer: Der zu Tode zitierte Befund, dass Romy Schneider unter ihrem Sissi-Image in Deutschland litt, stimmt nicht. Einem französischen Regisseur, der mit ihr arbeiten wollte, riet man, die Sissi-Filme nicht zu erwähnen. Nach dem Gespräch sagte Romy ihm ab. Ihre Begründung war: »Was für eine Unverschämtheit! Der Mann hat noch nicht mal meine großen Erfolge mit Sissi erwähnt! Der wollte mich wohl niedermachen.« Ich habe zwei Romys kennengelernt. Mit der einen hatte ich in Kitzbühel drei paradiesische Wochen. Wir konnten keine Nacht voneinander lassen. Als ich sie dann jede Woche in Paris besuchte, war sie eine völlig andere Person: selbstversessen, depressiv, trinkend. Madame Schneider war die Königin von Paris, der alle zu Füßen lagen, und wenn man als Mann an ihrer Seite nicht akzentfrei Französisch sprach, wurde man als Nichts behandelt. Ob wir im *Crazy Horse* waren oder bei einem Empfang von Coco Chanel, ich war immer nur ihr geduldetes Anhängsel, das sich in den Hofstaat einzureihen hatte. Trotzdem wollte ich meine Frau und unsere drei Kinder wegen ihr verlassen. Ich kaufte ein Ticket nach Paris und saß wie in Trance in der Abflughalle. Als ich mir mein Leben an Romys Seite vorstellte, war der Traum von einer Sekunde zur anderen zu Ende. Ich zerriss das Ticket und fuhr nach Hause. Meine Frau sagte nur einen Satz: »Ich wusste es.«

Mario Adorf, Schauspieler: 1981 drehte ich mit Werner Herzog *Fitzcarraldo*. Einer meiner Filmpartner war Mick Jagger von den Rolling Stones. An unserem ersten Drehtag war in Peru Generalstreik. Alle Schauspieler meinten, der Anstand gebiete es, das auch zu respektieren. Nur Jagger ist zum Set gefahren und hat gedreht. Ein Rockstar als Streikbrecher: Das fand ich schon sehr seltsam. Mir fiel auf, dass Jagger sehr geizig ist. Die Südfranzosen sagen über so einen, er habe einen Seeigel in der Tasche. Er hatte nie Geld dabei und hielt es für selbstverständlich, dass unsereins ihn einlädt. Er hatte die Attitüde, man müsse so froh sein, neben ihm zu sitzen, dass man dafür auch bezahlt. Er gehört zu den Leuten, die mal an dir interessiert sind, dir dann aber plötzlich zu verstehen geben, du störst. Ich nenne solch launische Typen »lunatisch«, weil sie nach dem Mond gehen. Romy Schneider gehörte auch dazu.

Thomas Kapielski, Schriftsteller: Jeder klamme Versager versuchte es Anfang der Achtziger als Künstler – so auch ich. Je mehr Pfusch man reinlegte aus Faulheit, umso mehr mochten es die Kunstkenner. Wir latschten in jenen Jahren wie die Besessenen durch die Ausstellungseröffnungen der Rivalen und knallten in die Anwesenheitsalben unseren Stempel *Ditt könn wa och!* Dies traf so die allgemeine Stimmung bei uns, die wir nie in Kunstschulen gehockt und Vasen schattiert hatten. Man muss die Künstler mehr quälen dürfen. Das sind hoffärtige, erfolgssüchtige Menschen, die sich in ihrer Mehrzahl um die Arbeit drücken und nichts taugen. Sie wissen: Kunst ist die edelste Form der Arbeitslosigkeit.

Vera von Lehndorff, genannt »Veruschka«, Fotomodell: Peter Beard hat mich 1965 beim Baden mit Salvador Dalí fotografiert. Ich mochte Dalí sehr. Er trat wie ein verrücktes Wesen von einem anderen Stern auf und war immer höchst begeistert von sich. Wenn er einen Raum betrat, sagte er: »Le Divin est arrivé!« Er war keine Sekunde lang der leidende Künstler, der unter Qualen mit der Kunst ringt. Er war wie ein liebenswerter Harlekin und machte aus dem Leben eine heitere Erfindung, die er mit euphorisch aufgerissenen Augen betrachtete. Man konnte kein langweiliges Gespräch mit ihm führen, weil für ihn alles eine Theaterinszenierung war. In Cadaquès ließ er sich bei Spaziergängen von einem Angestellten begleiten, der einen Ozelot an der Leine führte. Sex schien für ihn unwichtig zu sein, aber er sprach durchaus gern darüber. Er hatte für dieses Thema eine Geheimsprache entwickelt. Den Penis zum Beispiel nannte er »Limousine«.

Thorsten Becker, Schriftsteller: Heiner Müller war eine Vaterfigur für mich. Außerdem gab es zwischen uns die Drogengemeinschaft Alkohol. Als Heiner nach seiner Krebsoperation zur Kur in Kalifornien war, habe ich ihn besucht. Er hatte von seinem Arzt die Parole bekommen: »Saufen! Der Krebs ist nicht aufzuhalten.« Es gab aber kaum noch Whisky im Haus. Wir merkten, das würde kein richtiges

Gespräch werden. Seine Frau Brigitte ist dann losgefahren und hat uns eine Zwei-Liter-Flasche J&B besorgt. Am Ende konnte ich dann nicht mehr losfahren, weil ich zu besoffen war. Es war das einzige Mal, dass ich Heiner richtig betrunken erlebt habe. Er legte seinen Arm um mich und sagte: »Entschuldigung, dass ich elementar werde.«

Peter Berling, Filmproduzent: Für meinen Film *Poker* habe ich Brigitte Bardot nach Sardinien bestellt. Wer dann nicht erschien, war ich. Ich hatte total vergessen, ihr mitzuteilen, dass das Projekt inzwischen geplatzt war. Sie verzieh mir, weil ich mit Gunter Sachs befreundet war. Nach ihrer Heirat habe ich die beiden bei einem Cäsarengelage in der Villa von Roman Polanski in Rom erlebt. Die Gäste verschwanden immer mal wieder in eines der Gemächer, um mit geröteten Köpfen und derangierter Garderobe wieder am Tisch Platz zu nehmen. Bei BB und Gunter hatte man das Gefühl, dass sich zwei Monarchen mit ihrem Hofstaat begegnen. Die beiden saßen sich umgeben von ihren Gespielinnen und Vertrauten an einem langen Tisch gegenüber und sprachen einander in ausgesuchter Etikette mit »Madame« und »Monsieur« an. Ich saß neben BB und kriegte von ihr dauernd Fleischbällchen und frittierte Kürbisblüten in den Mund gestopft, ob ich wollte oder nicht. Wenn ich nicht schnell genug schluckte, wurden mir die Bäckchen geklopft wie einem dicken Baby. Als Gunter mein Augenrollen sah, flüsterte er: »Weißt du jetzt, warum ich auf der anderen Seite des Tisches sitze?« Von heißer Liebe und leidenschaftlichem Verlangen war bei beiden nichts zu spüren. Zwei Berühmtheiten hatten sich durch Ehe zusammengetan, um ihren Ruhm noch einmal zu verdoppeln, und vertrugen sich, solange die Ruhmesvermehrung andauerte. Das war mehr eine für die Presse entfachte Leidenschaft, und als die dann erlosch, hatten sie sich auch nichts mehr zu sagen. Die Brigitte ist ja unter uns gesagt ziemlich strohdumm, und Gunter war ein gescheiter Hund. Das konnte gar nicht gut gehen.

Claus Peymann, Intendant und Regisseur: Seit mehr als einem Vierteljahrhundert bin ich ununterbrochen Theaterdirektor. Das sogenannte Privatleben reduziert sich bei mir auf das gemeinsame Frühstück. Wenn ich essen gehe, dann mit Schauspielern oder Dramatikern. Wahrscheinlich bin ich auch weitgehend ohne Freunde. Es ist wunderbar: Ich komme aus der Illusion gar nicht mehr raus. Dieses manische Reden übers Theater ist im Grunde vollständig verblödet und total betriebsblind. Wahrscheinlich sieht man dabei auch den eigenen Untergang nicht mehr oder hält ihn auch schon wieder für eine Pointe. Ich habe das bei Kollegen beobachtet, die schon lange gescheiterte Alkoholiker waren oder überspannte Neurotiker. Während diese armen Typen die immer gleichen Klischees inszenierten, redeten sie, als würden sie gerade die Welt aus den Angeln heben. Und jetzt bin ich vielleicht im gleichen Zustand.

Peter Handke, Literaturnobelpreisträger: In Gesellschaft fühle ich mich wie in einen gläsernen Berg eingeschlossen. Man findet es schrecklich lächerlich und widerwärtig, was geredet wird, aber man ist völlig handlungs- und sprechunfähig und kann nicht losbrüllen. Die anderen merken das gar nicht und reden umso routinierter und dümmer weiter. Es gibt keinen, den ich nicht in zehn Minuten bis an sein Lebensende gedemütigt hätte.

Marcel Reich-Ranicki, Kritiker: Es ist viel leichter, sich mit Thomas Mann auseinanderzusetzen als mit sich selbst. Deutlichkeit ist die Höflichkeit der Kritiker. Alle Rezensenten von Rang haben viel mehr getadelt als gelobt. Fontane hat unentwegt verrissen. Seine Theaterkritiken zeichnete er mit »Th. F.«. Das haben die verrissenen Schauspieler übersetzt mit »Theater-Fremdling«. So ist es auch mit unseren Autoren: Die meisten verstehen von Literatur so viel wie Vögel von Ornithologie.

Inge Feltrinelli, Verlegerin: 1953 bat mich der Rowohlt-Chef Heinrich Maria Ledig-Rowohlt, seinen Autor Ernest Hemingway auf Kuba zu besuchen. Ich bin dann zweieinhalb Wochen bei ihm geblieben. Hemingway war damals vierundfünfzig. Er ließ mich in seinem Schlafzimmer übernachten, weil es der kühlste Raum im Haus war. Vielleicht hat er sich in mich verliebt. Ich kam ja jung und frisch da an. In seiner Finca gab es fünf Diener, einen Chauffeur, einen schwarzen Butler und dreißig Katzen. Hemingway stand um sechs Uhr morgens auf und arbeitete bis elf. Dann hatte er schon drei Martini on the Rocks getrunken. Um elf Uhr vormittags sind wir oft in die Bar *El Floridita* gefahren, um Papa Dobles zu trinken. Das ist ein wundervoll erfrischender Cocktail aus Rum, Limettensaft und sehr viel Zuckersirup. Wenn wir aus der *El Floridita* ins Sonnenlicht traten, hatte ich allerdings das Gefühl, einen Hammer an den Kopf zu kriegen. Zum Mittagessen gab es wundervollen Amarone aus Verona. Er liebte diesen schweren Wein. Nach dem Essen nahm er ein Sitzkissen vom Sofa, legte es auf den Fußboden und schlief darauf ein. Als ich diesen großen Bären auf der Erde liegen sah, habe ich ein Foto gemacht. Nachdem ich es ihm gebeichtet hatte, musste ich versprechen, das Bild nicht zu seinen Lebzeiten zu veröffentlichen. Daran habe ich mich gehalten. Einmal gab es einen Eklat. Er war schlechter Laune, weil ihn ein zweitägiger Bootsausflug mit New Yorker Kaufhaus-Milliardären deprimiert hatte. In einer Bar fing er an, mit Geldmünzen um sich zu werfen. Er schien es zu genießen, wie die kleinen Jungen sich um die Münzen prügelten. Für mich benahm er sich wie diese alten Imperialisten in Afrika, die Negern Glasperlen vor die Füße schmissen. Ich war als junge Frau keck und aggressiv und sagte: »Papa, das finde ich wirklich entsetzlich, was Sie da machen!« Alle nannten ihn Papa. Daraufhin attackierte er mich ganz scharf: Von einer Deutschen lasse er sich so etwas nicht sagen. Er hatte etwas Sadistisches, wenn er betrunken war – und das war er fast jeden Tag.

Rupert Everett, Schauspieler: Selbstironische Stars gibt es so wenig wie schwarze Milch. Stars haben so viel Selbstironie wie Herr Ahmadinedschad – und das ist sehr klug. Ein Star ist ein Verkaufsprodukt wie ein Waschmittel, und die Hersteller von Waschmittel nehmen ihr Produkt ja auch sehr, sehr ernst. Wenn Sie über sich selbst lachen, laden Sie damit andere ein, ebenfalls über Sie zu lachen. Und wenn Sie nicht gerade Komiker sind, ist das das Ende Ihrer Schauspielerkarriere. Es gibt Stars, die am Anfang ihrer Karriere selbstironisch waren, aber wenn man Erfolg hat, hört man auf, sich infrage zu stellen. Deshalb sind so viele erfolgreiche Leute so langweilig. Selbstzweifel sind produktiv, Erfolg dagegen vermindert die Fähigkeit zum Zuhören. Ich habe nur einen Star kennengelernt, dem seine Selbstironie nicht abhandengekommen ist: Harrison

Ford. Man unterschätzt bei Schauspielern, dass sie Spezialisten für Zurückweisungen und Demütigungen sind. Auch bei großen Stars ist es gang und gäbe, dass sie die gewünschten Rollen nicht bekommen. Wer das persönlich nimmt, gerät in eine Spirale aus Verunsicherung und Selbstzweifel. Deshalb nehmen sich viele Stars in der dritten Person wahr. Jemand wie Tom Cruise fragt sich in einer Krise nicht: »Was soll ich tun?«, sondern: »Was sollte Tom Cruise tun?« Das schafft Distanz und Rationalität.

Friedrich Dürrenmatt, Schriftsteller: Max Frisch und ich stellten am Schweizer Literaturhimmel ein Doppelgestirn dar. Er ist der Schriftsteller der Intellektuellen. Sie glauben, seine Eheprobleme und Identitätskrisen auch haben zu müssen. Heute haben wir uns auseinandergelebt. Private Schwierigkeiten soll man mit sich ausmachen. Der Frisch hatte immer viele Frauengeschichten, und jedes Mal schwor er, das sei seine letzte. Dieser selbstquälerische Romantizismus in der Liebe ist mir fremd. Frisch hat seinen Kreis, eine Linksverbindung Schweizer Schriftsteller. Da habe ich nicht mitgemacht, das war mir zu blöd. Ich bin ein Einzelgänger. Ich lebe in Neuchâtel, um nicht am sogenannten Kulturleben teilnehmen zu müssen. Kultur mache ich selbst.

Paul Bowles, Schriftsteller: 1951 erschoss William S. Burroughs seine Frau, als er volltrunken die Apfelszene aus Schillers *Wilhelm Tell* nachstellte. Ein paar Jahre später übersiedelte er nach Tanger. Die Marokkaner nannten ihn *el hombre invisible*, weil er sein Hotelzimmer fast nie verließ. Er lag auf seinem Bett, spritzte Heroin und schoss mit seiner Pistole auf Fliegen. Die Wände waren mit Einschusslöchern übersät. Ich fragte ihn: »Was soll das?« Seine Antwort war: »Es ist eine gute Übung fürs Schreiben.« Er tippte Seite für Seite in die Maschine, ohne sich am nächsten Tag an den Inhalt erinnern zu können. Hunderte gelbe Seiten lagen monatelang auf dem Boden herum, mit Schuhabdrücken drauf, Rattenmist, Krümeln von alten Sandwiches und Sardinenresten. Ich fragte: »Bill, hast du wenigstens eine Kopie der Seiten?« »Nein.« »Warum hebst du die Seiten nicht auf?« Mit einem Candy-Riegel in der Hand antwortete er: »Ist doch egal, irgendwann wird sie schon jemand aufheben.« Dieser Jemand war dann ich. 1959 erschienen die Seiten unter dem Titel *Naked Lunch*.

Donatella Versace, Modedesignerin: Als ich 2004 eine Party zum achtzehnten Geburtstag meiner Tochter gab, nahm Elton John mich beiseite und sagte, er zwinge mich zu nichts, aber auf dem Flughafen stehe ein Jet bereit, der mich nach Arizona fliegen könne, in der Entzugsklinik *The Meadows* sei ein Platz für mich reserviert. Ein paar Tage zuvor war ich bei einem Konzert von Elton gewesen. Statt in die Menge einzutauchen, stand ich am Seitenrand der Bühne und weinte und weinte und weinte. Warum ich weinte, wusste ich nicht. Während Elton performte, schaute er mich immer wieder an. An diesem Abend muss er begriffen haben, dass ich Hilfe suchte. Auf sein Angebot mit der Entzugsklinik habe ich mit einem dämlichen Spruch reagiert: »Ich gehe da nur hin, wenn es fettarmes Essen gibt. Ich will Garnelen und gegrillten Fisch. Kein Öl, kein Salz.« Niemand glaubte, ich würde das Angebot annehmen, aber ein paar Minuten später tauschte ich Abendkleid und Diamanten gegen einen Jogginganzug.

Mit Pferdeschwanz und ohne Make-up machte ich mich auf den Weg zum Flughafen. Dann ratterten die Fragen los. Ich hatte keine Ahnung, wie es in einer Entzugsklinik zugeht, und wo dieses Arizona liegt, wusste ich auch nicht so genau. Ich habe damals unentwegt geraucht. Im Garten der Klinik gab es einen markierten Bereich, in dem man rauchen durfte, aber drinnen herrschte absolutes Rauchverbot. Einmal habe ich versucht, bei geöffnetem Fenster in meinem Zimmer zu rauchen. Beim dritten Zug ging die Tür auf, und eine Krankenschwester stauchte mich zusammen. So klein hatte ich mich zuletzt mit zehn gefühlt.

Peter Savic, Starfriseur in Hollywood: **Nirgendwo sind die Augen schärfer auf Entlarvung trainiert als in Hollywood. Die sezierenden Blicke beginnen bei den Haaren. Jeder Star weiß, dass seine Haare Teil seines Arbeitsmaterials sind, und entsprechend respektvoll werde ich behandelt. Natürlich gibt es auch Nervensägen. Diese Frauen wollen natürlich aussehen, aber gleichzeitig nicht so aussehen, wie sie aussehen. Ich habe in Hollywood schnell gelernt, dass Zickigkeiten und Allüren kein Zeichen von Glamour und großem Selbstbewusstsein sind. Dahinter stecken Unsicherheit und Angst. Nur wem Selbstvertrauen fehlt, der hat es nötig, ein Riesenego vor sich her zu tragen und anderen den Tag zu verderben. Stars erfüllen in der Wirklichkeit selten, was wir uns von ihnen versprechen. Das ist aber nicht ihre Schuld, sondern unsere. Sie sind Produkte unserer Sehnsucht, sie sind unsere Erfindung. Wir projizieren in Stars hinein, wie wir selber gern wären. Steht man ihnen dann gegenüber, merkt man, dass ihre Selbstwahrnehmung oft ganz anders ist als ihre Selbstdarstellung. Die wenigsten Stars leuchten von innen. Sie brauchen Scheinwerfer, um zu leuchten. Das Geheimnis wirklich schöner Menschen ist, dass sie kein Bewusstsein ihrer Schönheit haben. Sobald jemand auf sein Aussehen schielt und es wie ein Kapital einsetzt, verfliegt der Zauber, und man spürt die Selbstzweifel: Wie lange bin ich noch schön? Und was kommt dann? Das Anstrengendste am Star-Sein ist, dass man gezwungen ist, so zu tun, als wäre man glücklich, weil die Leute sonst sagen: »Dieser Mensch hat doch alles. Warum beklagt der sich? Der sollte mal mein Leben kennenlernen!« Es kostet eine Menge Energie, für andere glücklich auszusehen, wenn man es nicht ist. Aber viele Stars werden von der Überzeugung angetrieben, dass Berühmtheit wichtiger ist als Glück. Für Menschen wie mich machen die gewöhnlichen Augenblicke das Leben aus. Stars dagegen brauchen Rampenlicht und Aufmerksamkeit, um sich lebendig zu fühlen. Deshalb schwanken sie ständig zwischen Hochstimmung und Depression. Schönheit kann eine schreckliche Last sein, weil ein schöner Mensch tief im Inneren nie weiß, warum er Erfolg hat. Liegt es an der eigenen Leistung oder nur am Aussehen? Wegen dieses Zwiespalts sind schöne Menschen oft unsicher und komplexbeladen – und das macht den Umgang mit ihnen anstrengend. Auf der anderen Seite gibt es kaum etwas Großartigeres als die unbändige Fröhlichkeit, die jemand empfindet, weil er schön ist. Es ist ansteckend, mit jemandem zu tun zu haben, der sich jeden Morgen im Spiegel begrüßt und die Menschheit dazu beglückwünscht, dass er am Leben ist.

David Chipperfield, Architekt: Es gibt nur eins, was mich wirklich aufbringt, und das ist zynische Architektur. Ein Gebäude ist zynisch, wenn der Architekt seinen ästhetischen Ehrgeiz und die Liebe zu seinem Beruf aufgegeben hat und nur noch an die Profitmaximierung seines Auftraggebers denkt. Nicht schlechter Geschmack ruiniert die Welt, sondern Architekten, die vergessen haben, dass sie als Berufsanfänger die Welt zu einem besseren Ort machen wollten. Ein Gebäude zu entwerfen ist kinderleicht und kostet nicht viel Zeit, eigentlich kann das jeder. Die Herausforderung beginnt, wenn Sie an die Menschen denken, die in diesem Gebäude leben sollen. Die meisten Neubauten in unseren Stadtzentren sehen wie begehbare Anlagedepots aus. Die Menschen haben das Gefühl, Architektur ist etwas, das ihnen zustößt, das sie erleiden. Ein vernichtenderes Urteil über unseren Berufsstand kann es nicht geben. Dass die Menschen auf Bausünden so lethargisch reagieren, liegt auch an der Unsichtbarkeit der Verantwortlichen. Vor welcher Investmentbank soll man demonstrieren, wenn wieder einer dieser fratzenhaften Geldtürme entsteht?

Alexander Kluge, Schriftsteller und Filmemacher: Theodor W. Adorno legte sich oft aufs Sofa und las mir seine Träume vor. Ich musste dazu bewundernd etwas äußern, schrecklich. Kaum etwas ist quälender, als den Träumen anderer zuhören zu müssen. Der Träumer kann seine Träume nicht verbalisieren, und der Zuhörer kann die Träume nicht nachempfinden.

Robert De Niro, Schauspieler: Wer unter Beobachtung steht, verhält sich automatisch künstlich. Aber Schauspieler posieren auch dann noch, wenn sie allein an der Pinkelrinne stehen.

Otto von Habsburg, ältester Sohn des letzten Kaisers von Österreich und Königs von Ungarn, Politiker: Willy Brandt wurde 1979 ebenfalls ins Europaparlament gewählt. Ich beschimpfte ihn mal als »ambulantes Monument für alles, was faul ist in unserer Gesellschaft«. Er hatte unsere Fehde angefangen, indem er mich einen »importierten abgetakelten Kaisersohn« nannte. Für den war ich Otto von Gestern. Weil ich nie einen Plenartag versäumte, galt ich bei meinen Kollegen als ein zweiter Herbert Wehner. Selbst an meinem achtzigsten Geburtstag saß ich im Parlament. Disziplin ist für mich fast etwas Erotisches. Auch deswegen hat es mich so empört, wie stinkfaul der Brandt war. Bei dem wäre ich fast zum Monarchisten geworden. Ich habe mal ein Schild an seine Tür gehängt mit der Aufschrift »Büro zu vermieten«. Es blieb mehr als zwei Monate hängen. Das beweist, welche Dimensionen Brandts Fleiß hatte. Später habe ich ihn dann in Ruhe gelassen. Wissen Sie, wenn man auf Entenjagd geht, will man, dass die Enten fliegen. Bleiben sie auf dem Wasser sitzen, gefällt einem die Jagd nicht mehr.

Fernando Botero, Maler: Es ist ein frommes Märchen, wenn Leute behaupten, Malerei habe die Macht, die Gesellschaft zu beeinflussen. Picasso hat 1937 mit seinen satirischen Radierungen *Traum und Lüge Francos* nicht verhindert, dass der Diktator Franco dreißig Jahre später immer noch regierte. Die Macht der Malerei liegt darin, Erinnerungen wachzuhalten. Dass wir uns heute noch an die Zerstörung Guernicas durch einen Luftangriff der deutschen Legion Condor erinnern, ist Picassos gleichnamigem Bild zu verdanken. Ohne *Guernica* kein Guernica.

Julian Schnabel, Maler: Viele Kritiker leben davon, einen Künstler erst hoch- und dann runterzuschreiben. Man produziert den Glamour, wartet eine Weile, dann kratzt man ihn wieder ab. Ginge es nach Kritikern und Galeristen, würden Künstler eine Pirouetten-Existenz führen und sich in die Richtung wenden, die gerade Konjunktur hat.

Harald Juhnke, Schauspieler: Ich saß mal vier Monate im Gefängnis und musste Sträflingskleidung tragen. Ich habe eben schon in vielen Häusern Gastspiele gegeben. Nach zehn Glas Bier und dreiundzwanzig Klaren habe ich mir eine Verfolgungsjagd mit der Berliner Polizei geliefert. Als sie mich mit ihren Autos eingekreist hatten, schlug ich zu. Die auch. Am Ende des Kampfes sah ich aus, wie mein Freund Bubi Scholz nie ausgesehen hat. Im Knast habe ich mir zu meiner Sträflingskleidung einen Pepitaschal umgeschlungen. Pepita zu gestreift: Ich sah aus wie Johannes Heesters. Die Langeweile ohne Alkohol ist das Schlimmste. Es gibt Alkoholiker, die immer so Schutzbehauptungen haben wie: »Ich saufe, weil Marianne Buttenburgel mich verlassen hat.« Das ist alles Quatsch. Man säuft, um zu saufen. Den Anonymen Alkoholikern beizutreten ist nichts für mich. Anonym bin ich ja nun wirklich nicht.

Francisco Costa, Kreativdirektor bei Calvin Klein: Bei Modedesignern gehört es zum guten Ton, privat im minimalistischen Stil eingerichtet zu sein. Das ist eine Profilneurose wie Liegefahrradfahren. Einige Apartments meiner Kollegen sind so gähnend leer, dass man sich automatisch um die Seelenverfassung ihrer Bewohner sorgt. Man kann diese Leute völlig aus der Fassung bringen, wenn man ihnen als Gastgeschenk etwas Lebendiges überreicht, eine

Zimmerpflanze zum Beispiel. Darüber kommen sie den ganzen Abend nicht hinweg.

Richard David Precht, Philosoph: In Deutschland gibt es die Tradition, dass ein verständlich schreibender Philosoph nichts taugen kann, nach dem Motto: »Das kann so schlau nicht sein. Das verstehe ja selbst ich.« Der Grund dafür war vermutlich ein Unfall: Kant hat seine Habilitation noch auf Latein verfassen müssen. Als er später seine Bücher auf Deutsch schrieb, war er immer noch in der lateinischen Grammatik gefangen und benutzte das hinten nachgestellte Prädikat. Das war nicht böse gemeint, aber wir Nachgeborenen können seine grammatische Struktur nicht mehr so einfach lesen. Das Unheil seiner Nachfolger war, zu glauben, man müsse mindestens so schwierig schreiben wie Kant, wenn man ihn optimieren will. So bei Fichte, Schelling und Hegel. Im gleichen Sinne schreiben Adorno-Schüler häufig noch schwieriger als Adorno. Das Gleiche bei Luhmann-Schülern. Der Engländer sieht das seit jeher anders: Was zu trüb ist, um klar verstanden zu werden, kann keine gute Philosophie sein. Im gleichen Sinne schreibt der englisch geprägte Wittgenstein: »Alles, was gesagt werden kann, kann klar gesagt werden.«

Dieter Dorn, Theaterregisseur: Das Theater ist oft ein harter und bösartiger Nuttenbetrieb. Der Schauspieler lebt im Widerspruch, einerseits der freieste Mensch zu sein, andererseits der unwürdig abhängigste. Wegen dieser Fragilität kann es zu Deformationen kommen: Die Selbstdarstellung ist wichtiger als die Rolle, man ist auf Wirkung statt Wahrheit aus. Dann wird das Theater ein obszöner, blöder

Selbstbedienungsladen, und Sie sind so in der Hölle, dass ein Rotlichtbezirk ein Paradies dagegen ist.

Peter Maffay, Musiker: In den Achtzigern habe ich zwei bis drei Flaschen Whisky am Tag getrunken und Betten aus Hotelzimmerfenstern geworfen. Selbstzerstörung hielt ich für Rock-'n'-Roll-Romantik. Wenn Falco abends mit dem Auto bei mir in Tutzing in der Auffahrt stand und rief: »Geh komm, fah' ma' nach München!«, war es sinnlos, ihn darauf aufmerksam zu machen, dass er doch gar nicht mehr laufen könne. Er sagte nur: »Stimmt. Macht aber nix. Fahren geht noch.«

Ken Follett, Bestsellerautor: Stephen King trank bis Ende der Achtziger einen Kasten Bier am Abend und steckte sich Tamponaden in die Nasenlöcher, um das vom Kokain verursachte Bluten zu stillen. Ich dagegen bin ein akkurater Schreibtischbeamter mit festen Bürozeiten, der jeden Tag sechs Seiten wegschafft. Morgens um halb acht setze ich mich mit einer Tasse Tee an den Computer, und pünktlich um sechzehn Uhr mache ich Feierabend – auch wenn ich gerade mitten in einer hochdramatischen Mord-und-Totschlag-Szene stecke.

Peter Ustinov, Schauspieler: Als ich 1964 bei *Lady L* Regie führte, sollten Paul Newman und Sophia Loren ein feuriges Liebespaar spielen. Man merkte aber jede Sekunde, dass Miss Loren ihren Partner für einen vulgären Proll hielt. Ich flehte sie an, sich alle Mühe zu geben, ihn anziehend zu finden. Am nächsten Morgen flötete sie: »Paul, womit klebst du dir jeden Morgen deinen Schnurrbart an?« Seine Antwort war: »Mit meinem Sperma, Darling.«

Michael Ballhaus, Kameramann: Große Schauspieler sind in der Regel Totalegozentriker. Unter denen, die ich erlebt habe, war John Travolta die Nummer eins. Er brachte eine riesige Entourage mit: Privatsekretär, Masseur, Koch, Fahrer und Maskenbildner. Bei *Primary Colors* konnte er sich trotz seiner Gage von zwanzig Millionen Dollar keine fünf Sätze Text merken. Wegen dieser Schwäche standen überall am Set Monitore im Off, von denen er seinen Text ablesen konnte. Er war grandios darin, lässig von einem Monitor zum anderen zu wechseln, ohne einen merken zu lassen, dass er nicht wusste, welchen Satz er als Nächstes zu sagen hatte. Auch darin zeigt sich schauspielerische Größe. Bei Jack Nicholson habe ich das Gleiche erlebt. Er hatte einen Knopf im Ohr und sprach den Text nach, der ihm reingeflüstert wurde. Auch er machte das hervorragend.

Rupert Everett, Schauspieler: Eitelkeit entsteht aus Unsicherheit, Schüchternheit und Angst. Wer sich für gut aussehend hält, hat keinen Grund, dauernd in den Spiegel zu schielen. Das tun nur Leute, die ein Problem mit sich haben. Niemand ist so arrogant und snobistisch wie ein schüchterner Mensch, der gelernt hat, seine Schüchternheit zu überspielen. Man muss sich vor diesen Menschen in Acht nehmen: Weil sie selber schwach sind, erkennen sie die Schwächen anderer. Über mein Spiegelbild denke ich nicht mehr nach, denn Schwächen verstärken sich, je mehr man sich mit ihnen beschäftigt. Die Liebe zu dir selbst hat selten ein Happy End.

Michael Maertens, Schauspieler: Die Regieanweisungen, die Peter Handke in seine Theaterstücke schreibt, sind gelegentlich rätselhaft. In einem frühen Stück von ihm heißt es: »Ein Huhn läuft rückwärts über die Bühne.« Daran ist Claus Peymann als Regisseur verzweifelt, er hat fast Selbstmord gemacht. Schließlich sagte er: »Wir brauchen einen Tiertrainer, der einem Huhn beibringt, wie man rückwärts geht.« Nachdem mehrere Trainer engagiert worden waren, stellte sich heraus, dass man einem Huhn nichts beibringen kann. Am Ende fand Peymann doch noch eine Lösung, indem er das Huhn in ein Kostüm steckte. Am Schwanzende wurde ein künstlicher Kopf angebracht, und der echte Kopf wurde mit einem künstlichen Schwanz drapiert. Die Zuschauer glaubten tatsächlich, dass da ein Huhn rückwärts über die Bühne läuft.

Oswalt Kolle, Sexualaufklärer: 1955 machte mich Rudolf Augstein zum stellvertretenden Chefredakteur der *Star Revue*, eines Yellow-Blättchens, das der *Spiegel*-Verlag gekauft hatte. Ein größerer Kotzbrocken als dieser kleinwüchsige Despot Augstein ist mir nie wieder begegnet. Es gibt eine Szene, die ich nicht vergessen kann. Ich sehe das noch filmisch vor mir: Ich kam in sein Vorzimmer, die Tür zu seinem Büro stand offen, und er sagte: »Warten Sie einen Moment.« Dann tauschte er mit seiner Freundin eine Viertelstunde lang Einzelheiten der letzten Nacht aus, und ich musste mir Sachen anhören wie: »Mein Schwanz war noch nie so groß wie gestern Abend, als du ihn in den Mund genommen hast.« Das war eine würdelose Zurschaustellung von Macht und dazu noch übelster Kapitalismus. Die Botschaft lautete: »Ich bin der Verleger, ich habe die Millionen! Und du, Kolle, du bist bloß ein kleiner dreckiger Journalistenarsch! Und das beweise ich dir jetzt, indem du Luft für mich bist.« Da wusste ich, ich muss hier sofort weg, ich will unter diesem Zyniker nie mehr arbeiten. Er hat den Grund meiner Kündigung dann noch nicht mal verstanden und wollte mir mehr Geld geben, damit ich bleibe. Bei der *Quick* wurde ich dann neben Johannes Mario Simmel zum höchstbezahlten Yellow-Schreiber des Landes. Als ich Sophia Loren 1962 bei Dreharbeiten in Nizza in ihrem Wohnwagen interviewte, trieb mich ihr Schweißgeruch in eine Sinnkrise. Die Dame benutzte kein Deodorant. Es stank so fürchterlich wie im Umkleideraum einer Turnhalle.

Julian Schnabel, Maler: Ich bin das Rhinozeros, die Kritiker sind die Vögel auf meinem Rücken. Es muss einem egal sein, ob und was über einen geschrieben wird. Vermeer wurde erst dreihundert Jahre nach seinem Tod entdeckt. Als die Kunstwelt das Interesse an Andy Warhol verlor, machte er trotzdem weiter. Sein Ratschlag war: »Wenn die Kritiker etwas nicht mögen, mach einfach mehr davon.« Heute sind seine Werke unbezahlbar. Zu den Genugtuungen des Älterwerdens gehört, es mitzuerleben, wie Kritiker schneller vergessen werden als die Künstler, denen sie Totenscheine ausgestellt haben.

Ulli Lommel, Schauspieler und Regisseur: Ein berühmter Satz von Andy Warhol lautet: »Sex ist die Sehnsucht nach dem Sex, den man früher mal hatte.« Ich habe ihn nie in einer intimen Situation mit einem Mann oder einer Frau gesehen. Er flirtete nicht und verhielt sich völlig asexuell, wie ein geschlechtsloser Extraterrestrischer, der von einem anderen Stern zu Besuch auf die Erde gekommen ist und gar nicht weiß, was Geschlechtsverkehr ist. Es gab auch niemanden in seinem Bekanntenkreis, der behauptete, Sex mit ihm zu haben. Für uns war er eine Sphinx ohne Körper. Bei einer Pressekonferenz zu *Cocaine Cowboys* wurde er gefragt, ob er den weltweiten Hype um seine Person erklären könne. Nach einer langen Pause sagte er mit seiner leisen, zerbrechlichen Stimme: »It is the Andy Warhol in you.« Ich glaube, er meinte damit ein Phänomen, das auch für Marilyn Monroe, Elvis Presley und Michael Jackson gilt: Die Menge will sehen, dass das, was ihr fehlt – Ruhm, Reichtum, Glanz – unglücklich macht. Deshalb steigert es die Beliebtheit von Stars, wenn sie straucheln oder in eine Tragödie verwickelt sind.

Claus Peymann, Intendant und Regisseur: Das Ensemble des Wiener Burgtheaters war in seiner ganzen Geschichte immer nur zerstritten und verfeindet. Die waren sich im Laufe der letzten zweihundert Jahre nur einmal einig: gegen mich! Man sehe sich die Herrengarderoben an. Das waren früher große Räume, in denen drei, vier Schauspieler mit viel Luft sitzen konnten. Weil sie alle so verfeindet waren und sich in Unterhose nicht ertragen konnten, wurden die Garderoben immer wieder unterteilt. Heute kann man sich da gerade noch drehen. Das ist Architektur gewordene Antipathie.

Harald Schmidt, Entertainer: 1983 bewarb ich mich an der Henri-Nannen-Schule, um Journalist zu werden. In der mündlichen Prüfung habe ich Henri Nannen erlebt. Das war sensationell. Als er reinkam, machten die anwesenden Chefredakteure von Gruner+Jahr im halben Aufstehen eine Synchronverbeugung. Da habe ich zum ersten Mal gemerkt, was Macht ist. Hätte Nannen einen fahren lassen, die Herren hätten mitgeschrieben.

George Tabori, Regisseur: Brecht habe ich 1947 in Los Angeles kennengelernt. Ich fand ihn nicht sehr angenehm. Unser erstes Treffen fand im Haus des Regisseurs Joseph Losey statt. Es waren ungefähr zwanzig Gäste da, die alle auf dem Boden saßen. Das war üblich, auch wenn keiner wusste, warum. Brecht trug seinen maßgeschneiderten Drillichanzug und rauchte seine berühmte Zigarre. Als ich mich vorstellte, nickte er bloß. Er war übellaunig und schimpfte unentwegt über den Schmierengeschmack der Studios. Da er Deutschland als Star verlassen hatte, fühlte er sich von den Filmbossen als Nobody missachtet. Er verdammte Hollywood als ein Schauhaus des *easy going*, in dem er sich vorkomme wie Lenin beim Oktoberfest. Für ihn war Hollywood ein Lügenmarkt, auf dem es nur Käufer oder Verkäufer gab. Als Drehbuchschreiber hatte er das Gefühl, einem Pissoir seinen Urin zu verkaufen.

Karl Lagerfeld, Modedesigner: Vergebung zählt nicht zu meinem Wortschatz. Kriemhild verkörpert das Ideal meiner Lebensauffassung. Als in Frankreich ein Buch mit niederträchtigen Behauptungen über mich erschien, ließ ich mich von meinem Chauffeur zu Pariser Buchhandlungen fahren. Ich kaufte alle Exemplare auf und warf sie vor den Läden in die Mülltonne. Beim Rausgehen sagte ich: »Übrigens, wenn Sie diesen Schmutz nachbestellen, kaufe ich nie wieder bei Ihnen.«

Dieter Dorn, Theaterregisseur: 1955 begegnete mir am Berliner Ensemble Bertolt Brecht. Benno Besson probte damals Brechts Bearbeitung der Komödie *Pauken und Trompeten*. Wir Studenten saßen halb erlaubt, halb nicht erlaubt in den hinteren Reihen und warteten auf Brechts Erscheinen mit dem Gefühl, einem Heiligtum zu begegnen. Und dann kam leise ein kleinerer Mann herein, der genauso bescheiden und listig aussah wie auf den Fotos, die wir von ihm kannten. Er nahm die Mütze ab, spuckte in seine kleinen Hände und strich sich die Haare nach vorn. Ich kenne viele Theaterleute, die gern eine Aura hätten und versuchen, sie schauspielerisch zu produzieren. Brecht dagegen gab vor allem Acht, die Proben nicht zu stören. Meine Bewunderung für ihn ging so weit, dass ich meine Haare fortan auch nach vorn gekämmt trug.

Claus Peymann, Intendant und Regisseur: Als Theater-Opa weiß ich, dass unsere Kritiker-Koryphäen noch nie fähig waren, Literatur zu begreifen. Diese traumlosen Dauerskeptiker haben den frühen Handke genauso verrissen wie später Thomas Bernhard. Heute sind deren Stücke grandiose Klassiker von Weltgeltung. Die Kunstvernichtungsmechanik der deutschen Theaterkritiker hat das moderne Drama nicht aufhalten können. Im Sinne einer schönen Dialektik haben gerade die Verrisse die Literatur befördert.

Helmut Newton, Fotograf: Ich wurde mal von meiner berühmten Kollegin Annie Leibovitz fotografiert. Plötzlich sagte sie: »Komm schon, mach deinen Reißverschluss auf und hol deinen Schwanz raus!« Ich war fassungslos und schrie sie an: »Bist du wahnsinnig?« Ihre Vorgehensweise war Bullshit. Ich sage nie zu Frauen: »Mach deinen Rock auf und zeig mir deine Fotze!« Mit solchen Kommandos entstehen keine Fotos, die mir gefallen.

Peter Handke, Literaturnobelpreisträger: Samuel Beckett habe ich drei Mal getroffen. Es war abschreckend, wie er umgeben war von Universitätsleuten und wie willig er auf diese doch servile Gesellschaft eingegangen ist. Da waren so richtige Bücklingsmenschen um ihn herum aus aller Herren oder Frauen Länder, und ich dachte: »Um Gottes willen, nur nicht so enden, dass mit siebzig jeden Tag drei Universitätsassistenten mich umlungern!« Das erste Gespräch fand morgens in der Closerie des Lilas in Paris statt. Beckett hat ein Bier getrunken. Das hat mich angeheimelt und ermutigt zu fragen, was bei ihm außer Bier noch so im Alltag vorkommt. Er sagte: »Rugby im Fernsehen.«

Günter Lamprecht, Schauspieler: Als Peter Zadek mich 1974 ans Bochumer Schauspielhaus holte, lernte ich dort Rainer Werner Fassbinder kennen, mit dem ich später *Berlin Alexanderplatz* drehte. Als Fassbinder mich für sich entdeckte, begannen die beiden einen Krieg, in dem ich zum Spielball wurde. Fassbinder kaufte einen Boxerhund und gab ihm den Namen »Zadek«. Er lief den ganzen Tag durchs Theater und brüllte: »Zadek, Platz! Zadek, kusch! Zadek, friss!« Wenn ich in die Kantine kam, guckte Zadek mich an und knurrte: »Brrrr!«

Gert Voss, Schauspieler: 1994 fiel ich wegen Herzrhythmusstörungen aus. Ich kenne nur sehr wenige Theaterleute, die sich um einen kümmern, wenn es einem wirklich schlecht geht. Wir tun immer wahnsinnig intim, indem wir uns dauernd anfassen, umarmen und küssen. Aber in Wirklichkeit sind damit unmittelbare Interessen verbunden: Du gibst mir was, ich gebe dir was. Schauspieler sind wie Zirkuspferde: Kann das Pferd auftreten, ist es gut.

Wenn nicht, ist es kaum mehr was wert, und es wird überlegt, ob man es noch füttern muss. Schon meine Schauspiellehrerin warnte mich: »Vermeide den Kontakt mit Schauspielern im Privatleben. Sie sind neidisch, bösartig und benutzen dich.«

Kirk Douglas, Schauspieler: Schauspieler sind verloren, wenn sie nicht mehr zwischen Rolle und Realität unterscheiden können. Mein Kumpel John Wayne hielt sich irgendwann wirklich für einen dieser harten Western-Typen aus seinen Filmen. Nach der Vorführung von *Vincent van Gogh – Ein Leben in Leidenschaft* raunzte er mich an: »Mein Gott, Kirk, wie konntest du bloß so eine Rolle annehmen. Wir müssen starke Charaktere spielen und nicht solch einen kranken Spinner, der sich erst ein Ohr abschneidet und dann auch noch Selbstmord begeht.« Ich sagte: »John, wir sind bloß Schauspieler. Glaub doch nicht, dass uns das Pentagon anruft, wenn irgendwo ein Krieg ausbricht.«

Robert De Niro, Schauspieler: Ich arbeite sehr oft mit italoamerikanischen Regisseuren wie Martin Scorsese, Brian De Palma, Francis Ford Coppola oder Michael Cimino. Einen Film zu machen ist wie das Durchschwimmen des Ärmelkanals: Einmal gestartet, ist man für lange Zeit im Wasser – und es ist klug zu wissen, wer neben einem schwimmt. Mit einem Freund geht es leichter als mit Leuten, die exzentrisch sind und einen mit ihrer negativen Energie runterziehen. Scorseses Frau hat eine andere Erklärung. Sie sagt, ihr Mann sei der Einzige, mit dem ich mich eine Viertelstunde lang über die Art und Weise unterhalten könne, wie ich mir vor der Kamera eine Krawatte knote. Scorsese und ich sind eben ein großes Glück füreinander.

Elizabeth Teissier, Astrologin: Ich habe sieben Jahre lang den französischen Staatspräsidenten François Mitterrand astrologisch beraten. In Krisenzeiten wie vor dem ersten Golfkrieg konsultierte er mich mehrmals am Tag. Ich sollte für ihn die Sternbilder von George Bush und Saddam Hussein vergleichen. Bezahlt wurde ich nie. Mitterrand fühlte sich wie Gott. Die Ehre, für ihn die Sterne zu interpretieren, hielt er für Lohn genug. Ich beklagte mich nie bei ihm, denn Gott schreibt man keine Rechnungen.

Mario Adorf, Schauspieler: Als ich Ende der Sechziger in Saint-Tropez meine Frau Monique Faye kennenlernte, war sie ein Mäuschen, das zum Hofstaat von Brigitte Bardot gehörte. Sie musste sich kleiden, wie die Bardot es sagte – also immer ein bisschen schlechter als Mademoiselle Bardot. Schon damals war diese Dame so selbstbezogen und egoistisch, dass ich bei ihr nie ein echtes Interesse an ihrer Umwelt gespürt habe. Sie brauchte Leute zu ihren Füßen, die sie bedingungslos anhimmelten. Jetzt ist sie eine alte, kaputte, verbitterte, einsame Frau.

Peter Savic, Starfriseur in Hollywood: Madonna und ich waren sechs Jahre lang unzertrennlich. Ich reiste mit ihr und versorgte sie mit arabischer Volksmusik. Die hat sie geliebt. Dann hat sie von einem Tag auf den anderen die Brücke zu mir abgebrochen. Fast alle Stars hinterlassen verbrannte Erde. Wenn du dir ein neues Image zulegst, magst du dich nicht länger mit Menschen umgeben, die dein altes kennen. Sonst würdest du dir wie ein Schauspieler vorkommen.

Julian Schnabel, Maler: Künstler erschaffen mit wahnhafter Besessenheit eine eigene Wirklichkeit, ohne sich um die Regeln von anderen zu scheren. Für Psychiater ist das die Definition von Geisteskrankheit und Asozialität. Sie behaupten, vernünftig sein schließe die Hinnahme der Realität ein, zum gesunden Leben gehöre eine Portion Konformismus. Aber Anpassung und Kunst widersprechen einander. Ohne ein fanatisches Herz entsteht kein Kunstwerk. Große Maler machen aus Hirngespinsten transzendente Bilder, die den Betrachter dorthin führen, wo er noch nie war. Ein Bild anzuschauen heißt, die Welt mit einem fremden Gehirn zu betrachten. Das ist bewusstseinserweiternd, kann einen aber von den Füßen holen, weil Gewissheiten auf einmal nicht mehr gelten. Verrücktheit ist ein Kampfbegriff von Leuten, die sich vor dem Leben fürchten. Die Tätigkeit eines Künstlers besteht darin, sich bei lebendigem Leibe öffentlich selbst zu häuten. Ohne einen Zug ins Verrückte würde das niemand machen. Das Problem sind die vielen Leute, die sich verrückt aufführen, um für Künstler gehalten zu werden. Wenn jemand auf die Frage nach seinem Beruf antwortet, ich mache Kunst, heißt das nicht, er macht gelungene Kunst. Einen Bagel zu machen kann grandios schiefgehen. So ist das leider auch in der Kunst. Viele Künstler sind wie grünes Holz: viel Qualm, keine Flamme.

Friedrich Dürrenmatt, Schriftsteller: Gegner tauschen Eigenschaften aus. Nach einiger Zeit ist man seinem ärgsten Feind zum Verwechseln ähnlich geworden. Das bemerken aber nur Dritte.

Peter Berling, Filmproduzent: Klaus Kinski hatte nur einen Freund: mich. Irgendwann habe ich versucht, ihn mit meinem alten Freund Mario Adorf zusammenzubringen. Es ärgerte mich, dass die beiden einander nicht ausstehen konnten, obwohl sie sich nie richtig begegnet waren. Adorf hielt Kinski für eine verrückte Nervensäge, Kinski hielt Adorf für einen aufgeblasenen Angeber. Ich lud beide in mein römisches Stammrestaurant ein und, damit mein Manöver nicht so auffiel, gleich noch einige Leute dazu. An einem Ende der Tafel saß Mario, am anderen Kinski. Als Mario die Pasta serviert werden sollte, sagte er mit schneidender Höflichkeit zum Kellner: »Bitte bedienen Sie doch zuerst den Herrn Kinski.« Als der Kellner das machte, griff Kinski den Teller mit Spaghetti, schmetterte ihn gegen die Wand und brüllte: »Ich bin doch nicht der Vorkoster für diesen Schmierendarsteller da drüben!« Dann stürmte er, seinen Stuhl umwerfend, aus dem Restaurant.

Karl Heinz Bohrer, Literaturwissenschaftler: Ich war mit Ulrike Meinhof befreundet. Auf Partys war sie meist in Gespräche vertieft, umgeben von einem Flor aus Ernsthaftigkeit, Melancholie und Konzentration. Aber wenn sie tanzte, tanzte sie wie eine anmutige Frau. Von einer spröden, nur vom Gehirn kontrollierten Intellektuellen konnte keine Rede sein. Sie hatte eine durchaus sinnliche und warmherzige Ausstrahlung und war nicht unattraktiv. Nichtsdestotrotz waren die Unterhaltungen mit ihr frei von allen Anzüglichkeiten, erotischen Zweideutigkeiten und Ungesagtheiten. Mit mir hat sie sich vielleicht auch deshalb so gern unterhalten, weil ich gegenüber dem Marxismus eine so radikal abwertende Haltung hatte und gleichzeitig in ihren Augen so etwas wie ein Revolutionär war. Einmal sagte sie: »Es wäre so schade, wenn du der Revolution verloren gehen würdest.«

*Über Witz
und Schadenfreude*

»Verbitterte Künstler sind das Schäbigste, nur Nulpen leiden an der Kunst«

Jonathan Meese

Dieter Dorn, Theaterregisseur: Als ich meinen ersten Shakespeare an den Münchner Kammerspielen inszenierte, hörte ich von der Unterbühne eine leise, röchelnde Stimme: »Dieter, Dieter ...« Ich muss sagen, dass ich in diesen Sekunden wirklich dachte, Shakespeare ruft mich, um mir zu sagen, dass ich meiner Regieaufgabe leider nicht gewachsen sei. In Wirklichkeit war es der Schauspieler Claus Ebert, der einen Herzanfall hatte und mich zu Hilfe rufen wollte. Als die Rettungssanitäter kamen, stürzten sie sich auf die Schauspieler, die für ihren Auftritt mit blutigen Kratzern geschminkt waren. Claus Ebert haben sie nicht beachtet.

Tomi Ungerer, Zeichner: Meine Mutter war fanatisch antideutsch. Statt »Heil Hitler!« zu rufen, murmelte sie »Ein Liter«. Als im Herbst 1944 die Front näher kam, haben wir uns zu einem Attentat entschlossen. Auf einer Straße, auf der ein deutscher Militärkonvoi erwartet wurde, zerschlugen wir nachts Dutzende leere Flaschen. Die Scherben sollten die Reifen kaputt machen. Statt des Konvois kamen dann aber elsässische Arbeiter auf Fahrrädern. Seit den Flüchen dieser Männer weiß ich, dass Widerstand etwas für Fachleute ist.

Joachim Kaiser, Kritiker: Peter Rühmkorf wünschte seinen Kritikern flache Orgasmuskurven. Mehr an Racheakten erlebt man selten in meinem Beruf. Als ich siebenundzwanzig war, schickte man mir vier Lyrikbände von Johann Baptist Waas – ein furchtbarer Dreck, den ich fulminant verriss. Dreißig Jahre später bekomme ich einen mit zittriger Hand geschriebenen Brief von diesem Waas: »Herr Kaiser, Sie haben mein Leben zerstört. Aufgrund Ihrer Kritik ist nie mehr eine Zeile von mir veröffentlicht worden. Deshalb werde ich jetzt mit meiner Frau und meinem Hund aus dem Leben gehen.« Ich schrieb zurück: »Das ist eine Überreaktion, denn was kann Ihr Hund dafür?«

Naomi Campbell, Model: Das peinlichste Erlebnis meiner Karriere war, dass ich bei einer Modenschau von Vivienne Westwood auf dem Laufsteg hingefallen bin. Ich hatte meine Tage, und eine Stimme in meinem Kopf sagte: »O mein Gott, hast du überhaupt ein Höschen an? Sonst sehen alle das Bändchen von deinem Tampon.« Beim Aufstehen habe ich mein bezauberndstes Lächeln aufgelegt. Was blieb mir auch anderes übrig?

Rolando Villazón, Tenor: Bei einer Aufführung von *La Bohème* in Paris hatte uns der Regisseur angewiesen, auf der Bühne Hähnchen zu essen. Mitten in einer Szene rutschte mir ein Stück Hähnchen in die Gurgel. Mein Gesang klang, als würde man eine bellende Hyäne erwürgen.

Anna Netrebko, Sopranistin: Ich war am Konservatorium dünn wie ein Nagel. Deshalb trug ich bei Auftritten ein Korsett, um einen großen Busen vorzutäuschen. Einmal sollte mir mein Gesangspartner ein Taschentuch aus dem Ausschnitt ziehen. Er suchte vergebens. Ich habe mich dann vom Publikum weggedreht und das Taschentuch in der Nähe meines Bauchnabels wiedergefunden.

Friedrich Dürrenmatt, Schriftsteller: Jedes Kunstwerk muss apokalyptisch sein. Wir haben uns eine Katastrophenwelt gebaut. Ein zerstreuter Laborant führt die Explosion einer Atombombenfabrik herbei, ein schläfriger Programmierer fabriziert eine Fehlschaltung in den Pentagon-Computern, einem unachtsamen Gentechniker entwischen seine Virenkulturen – in diese Welt der apokalyptischen Pannen führt unser Weg.

Jean Paul Gaultier, Modedesigner: Die französische Modepresse reagierte anfangs gespalten auf meine Entwürfe. Als ich mal wieder runtergemacht wurde, habe ich mit einer geheiligten Tradition gebrochen. Es war üblich, den Topjournalisten zu Weihnachten Kaviar, Champagner oder Pralinen ins Büro zu senden. Ich orderte zwölf lebende Truthähne und wollte sie in großen Boxen an jene Journalisten schicken, von denen ich meinte, sie hätten mir unrecht getan. Das Problem war, dass die Truthähne schon eine Woche vor Weihnachten bei uns eintrafen, und so mussten wir uns ein paar Tage lang um ihr Überleben kümmern. Bereits nach ein paar Stunden stank das Atelier wie eine Geflügelfarm, in der schon sehr lange nicht mehr sauber gemacht wurde. Mein unschuldiger Scherz führte dazu, dass uns tagelang speiübel war.

Ernst Augustin, Schriftsteller und Psychiater: 1966 habe ich an der legendären Tagung der Gruppe 47 in Princeton teilgenommen. Bei den Lesungen herrschte eine allgemeine Unlust. Fast jeder Text wurde negativ beurteilt. Ich kam am dritten Tag vor der Mittagspause dran. Mein Text machte großen Eindruck und wurde ungeheuer gelobt, selbst vom mürrischen Reich-Ranicki. In der Mittagspause kamen alle zu mir, und ich hielt sozusagen Hof. Plötzlich war ich die große Entdeckung. Es war fantastisch – bis zwei Uhr nachmittags. Dann kam Peter Handke. Er las einen schlechten Text vor und wurde missmutig beurteilt.

Aber statt dann von der Bühne zu gehen, blieb er einfach sitzen und fing an, die Kritiker zu beschimpfen – und zwar so gestochen, dass mir klar wurde, er hatte das vorbereitet. Er hatte riesigen Erfolg. Dieses Masochistische war genau das, was die Leute im Saal wollten. Zum ersten Mal kriegten sie von oben so richtig eins rein. Das war eindeutig was Neues – und ich war nach drei Stunden Ruhm sofort wieder vergessen. Handke ist ein klassischer Hysteriker. Der Hysteriker hat ein Hauptziel, und das ist, vom Publikum beachtet zu werden. Er würde sich umbringen, nur um beachtet zu werden. Eine gelungene Hysterie endet eigentlich mit dem Tode, denn irgendwann gibt es nichts mehr, womit Sie sich noch in Szene setzen können. Um wirklich erfolgreich zu werden, müssen Sie hysterisch sein.

Jane Goodall, Schimpansenforscherin: Ich leide an einer neurologischen Störung namens Prosopagnosie, Gesichtsblindheit. Ich habe allergrößte Schwierigkeiten, Menschen an ihrem Gesicht wiederzuerkennen, und das bringt mich immer wieder in höchst peinliche Situationen. Früher dachte ich, ich sei vielleicht zu träge oder selbstbezogen, um mir Gesichter einzuprägen, aber dann schrieb ich einen Brief an den berühmten Neurologen Oliver Sacks. Er antwortete mir, er leide selber unter dieser seltsamen Störung. Sie sei angeboren und nicht therapierbar. Er erkenne morgens seine Sekretärin nicht, die seit zehn Jahren für ihn arbeite. Seither ist mein schlechtes Gewissen nicht mehr ganz so groß.

Karl Heinz Bohrer, Literaturwissenschaftler: 1973 wurde ich als Literaturchef der *FAZ* gefeuert. Joachim Fest sollte neuer Herausgeber werden und machte es zur Bedingung, dass sein Freund Marcel Reich-Ranicki meinen Posten bekommt. Kurz bevor ich für die Zeitung nach London ging, habe ich ihm in der großen Konferenz gesagt: »Reich-Ranicki, Sie sind die Rache von Jud Süß am deutschen Bürgertum.« Ich vermute, dass er diesen Satz nicht als Kompliment empfunden hat, obwohl er so gemeint war.

Peter Ustinov, Schauspieler: Da ich mit meiner Leibesfülle als Infanterist ein treffliches Ziel abgeben würde, wollte ich zu den Panzern. Es erschien mir vorteilhaft, sitzend in die Schlacht zu ziehen. Dummerweise machte man mich dann doch zum Infanteristen. Der Soldat Ustinov war die stupideste und längste Rolle, die ich jemals spielen musste – und die am schlechtesten bezahlte. Ich schälte Kartoffeln, übte für den Spindappell und wurde von morgens bis abends von Leuten angebrüllt, die keine natürliche Begabung zur Konversation besaßen. Unser Feldwebel machte es sich zur Gewohnheit, mich zusammenzustauchen, weil er sein Gesicht auf meinen Stiefeln nicht wirklichkeitsgetreu widergespiegelt fand.

Udo Jürgens, Musiker: Bei einem Konzert mit einem großen Symphonieorchester in Warschau ist mir etwas Entsetzliches passiert. Ich hatte am Mittag eine Ente gegessen, die schlecht war, und bekam eine schwere Darmkolik. Das waren solche Schmerzen, dass ich dachte, ich vergehe. Auf dem Höhepunkt der Schmerzen musste ich raus auf die Bühne. Das Konzert wurde weltweit übertragen. Beim ersten Lied ging es noch. Dann setzte ich mich ans Klavier. Um das zu ertragen, musste ich einen Pups lassen. Sonst wäre ich geplatzt. Der Pups blieb nicht ganz ohne Folgen: Ich habe mir in die Hosen geschissen. Es war entsetzlich. Ich saß mitten in der Streichergruppe des Orchesters und sang mein Lied *Was ich dir sagen will*. Und dann passiert mir so was. Das blieb natürlich nicht ohne geruchliche Folgen. Ich habe strafend um mich geblickt, um den Eindruck zu erwecken, dass jemand anders der Schuldige ist. Als ich mit dem letzten Lied fertig war, bin ich von der Bühne gerast, ohne mich zu verbeugen. In der Garderobe habe ich mich rückwärts in einen Stuhl fallen lassen. Dabei brach der Stuhl auseinander, und ich lag lang. Da habe ich einen Lachanfall gekriegt.

Helmut Berger, Schauspieler: 1971 hatte mich Fürst Rainier zum Rotkreuz-Ball in den Sporting Club von Monaco eingeladen. Ich hatte auf der Herrentoilette schlechtes Kokain gezogen. Als ich wieder am Tisch saß und leise pupsen wollte, rutschte mir Flüssiges raus, und meine weiße Smokinghose färbte sich braun. Es stank fürchterlich, und Caroline von Monaco wollte dringend mit mir tanzen. Ich war aber zu keiner Etikette fähig und bin einfach bis vier Uhr morgens in meiner Scheiße sitzen geblieben. Das war die Hölle.

Christoph Schlingensief, Regisseur: Kotzen und Scheißen sind für mich erlösende Momente. Das ist mit einem Krankenhausaufenthalt verbunden. Mein Darm arbeitete nicht mehr, und ich kotzte immer nur. Ich bekam die Peristaltik antreibende Spritzen, und die Schwester machte mir einen Einlauf. Plötzlich riss mein Darm, und ich ließ eine Scheißfontäne auf die Schwester ab. Das war eine völlige Erlösung, ein Sieg. Mein Bettnachbar brach in hysterisches

Lachen aus. Seitdem weiß ich, dass so was komisch sein kann. Niveauloses Lachen gibt es ebenso wenig wie einen niveaulosen Orgasmus.

Marie Waldburg, Klatschreporterin: Ich habe die Menschen vierzig Jahre lang durch ein Schlüsselloch schauen lassen und sie zum Zeugen von Glück und Unglück gemacht. Am meisten gelesen wurde, was ich über Trennungen schrieb. Diese Sorte Geschichten geben dem Leser das Gefühl, selber nicht viel schlechter dran zu sein als Royals, Filmstars oder Milliardäre. Nichts ist so entlastend wie Schadenfreude über das Unglück von Menschen, die jünger, reicher, schöner und berühmter sind als man selbst. Deshalb ist Klatsch so wichtig für die Sozialhygiene.

Robert Hunger-Bühler, Schauspieler: Bei den Proben zu Peter Steins einundzwanzig Stunden langem *Faust*-Marathon bei der Expo in Hannover merkte ich plötzlich, dass mein linker Oberschenkel heiß wurde. Unwillkürlich begriff ich, dass es mein auf Vibrator geschaltetes Handy war, das mich heimlich massierte. Ich versuchte meine Scham zu überspielen und widmete mich verzweifelt den goetheschen Versen. Bei der anschließenden Kritik hatte ich einen leichten Bammel. Stein aber hob die prekäre Stelle als exemplarisch hervor, und ich war gerettet.

Tomi Ungerer, Zeichner: In Irland gibt es diesen wunderbaren Whisky-Katholizismus, der elastisch ist wie ein Kondom. Man muss im Beichtstuhl nicht mal seine Sünden erzählen. Es reicht, dass man bereut. Ein Priester hat mich mal tadelnd angeschaut, als ich mit einem Auto voll leerer Bierflaschen vor der Dorfschule hielt. Als ich mich wortreich entschuldigen wollte, sagte der Gottesmann: »Ich tadle nicht das Saufen, mein Sohn, sondern die miserable Biermarke, die du trinkst.«

Stefan Aust, Journalist: Die RAF war von Anfang an schlecht beraten. Die russische Armee war bei vielen Deutschen verhasst, wie kann man dann eine Gruppe, die die Massen zum Aufstand auffordert, ausgerechnet »Rote Armee Fraktion« nennen? Auf diese Schnapsidee ist Gudrun Ensslin während einer Gruppendiskussion gekommen. Keiner kapierte, dass RAF auch das Kürzel der britischen Royal Air Force ist. Auf dem Logo der RAF sollte eigentlich eine russische Kalaschnikow drauf sein, die Waffe der Befreiungsbewegungen in der Dritten Welt. Durch ein Versehen wurde es eine deutsche Heckler & Koch – die Waffe der Reaktionäre.

Cees Nooteboom, Schriftsteller: Ich bin ein Bibliomane, der in jedem Land, das er bereist, Bücher kauft. Mein Lieblingsband ist ein Eskimo-Kochbuch. Jedes Rezept beginnt mit demselben Satz: »Man töte den Seehund ...«

Woody Allen, Filmregisseur: Je depressiver ich bin, desto komischer sind meine Drehbucheinfälle. Wenn ich mich klein, niedergeschlagen und nichtswürdig fühle, gelingen mir sehr, sehr unterhaltsame Sachen. Und wenn ich dann spüre, dass ich amüsant bin, gerate ich in eine manische Anspannung, die mich noch amüsanter macht. Vielleicht ist dieses Hochputschen eine unbewusste Strategie meiner Seele, um mein angeschlagenes Selbstwertgefühl wieder aufzurichten.

Hugo Egon Balder, Fernsehproduzent und Moderator: Harald Schmidt sagt, seine bleibende kulturelle Leistung in der Geschichte des deutschen Fernsehens sei es, das Wort »Gesichtsfotze« etabliert zu haben. Bei mir war es ein Sketch über Udo Jürgens, der in einem Interview über seinen Penis gesagt hatte: »Mein kleiner Freund führt ein absolutes Eigenleben.« Bei mir in der Sendung saß dann auf dem heißen Stuhl der überlebensgroße Pimmel von Udo Jürgens und beantwortete Fragen. Im Pimmel drin war Olli Dittrich. Mein Jahrhundertwitz geht so: Urologe zum Patienten: »Ich sage es Ihnen zum letzten Mal, Sie müssen mit dem Onanieren aufhören!« – »Ja, aber warum denn, Herr Doktor?« – »Weil ich Sie sonst nicht untersuchen kann.« Ich kann nichts für mich behalten. Wenn einer mir was erzählt und sagt, behalt das bitte für dich, rufe ich sofort jemanden an und erzähl das weiter. Rudi Carrell wurde mal gefragt: »Ist der Gag von Ihnen?« Er antwortete: »Noch nicht.«

Alexander Kluge, Schriftsteller und Filmemacher: Adorno nannte sich »Baron Hängebauchschwein«. Das war sein selbst gewählter Spitzname. Er zierte sich damit. Ich kann nicht finden, dass sein Bauchumfang der Präzision seiner Gedanken abträglich war. Balzac war fett. Der Skalpellartigkeit seiner Gedanken hat das nicht geschadet. Der Körper ist ein Gefäß, und da ist eine Seele drin. Es gibt schlanke Seelen in fetten Körpern und fette Seelen in schlanken Körpern.

Martin Walser, Schriftsteller: Ich versuche immer, auf einen trostlosen Verlauf mit einer Komödie zu antworten. So entsteht ein Gelächter, das die Wirklichkeit nie gestattet.

Die Figur kriegt dann eine Genugtuung, die sie auf der Welt nie bekommen könnte. Das ist wieder dieses Wunder zwischen zwei Buchdeckeln. Warum habe ich denn Karl May gelesen, jahrelang? Weil ich mir rettbar vorkommen wollte, ob im Balkan oder in den Händen von Indianern. Auch bei Dostojewski oder Kafka passiert von Kapitel zu Kapitel eine furchtbare Misere, aber diese Misere wird in Tanzschritte aufgelöst. Im Buch wirft die Misere einen weißen Schatten, während die Wirklichkeit nur einen schwarzen Schatten erlaubt. Der Dichtung mute ich etwas zu, was man früher der Religion zugetraut hat. Sie schlägt Funken aus Steinen, denen man das nicht angesehen hat. Dadurch wird es augenblicksweise heller, als es wirklich ist.

Leander Haußmann, Theaterregisseur: In meiner Stasi-Akte heißt es über mich: »Ausgeprägte Kantinenbegabung ... labiler Gewohnheitslügner ... verteidigt seine Charakterschwächen ständig mit sophistischen Selbstrechtfertigungen.« Das stimmt alles. Gleichzeitig ist es eine allgemeingültige Definition für den Beruf des Theaterregisseurs.

Michel Houellebecq, Schriftsteller: Bei Fragen nach meinem Leben habe ich so viel gelogen, dass ich nicht mehr weiß, was wahr ist und was nicht. Wenn man Romane schreibt, wird der Respekt vor der Wahrheit ohnehin immer geringer. Schon die Aussicht darauf, eine Anekdote zu meiner Person erzählen zu müssen, versetzt mich in krampfartige Langeweile. Bin ich wirklich dazu gezwungen, erfinde ich irgendwas, denn das Leben eines Schriftstellers ist langweilig. Es gibt nichts zu erzählen.

Klaas Heufer-Umlauf, Entertainer: Humor ist Tragik plus Zeit. Man zieht sich am Schopfe seiner Witze aus der Gülle. Ich könnte auf einer Bühne problemlos fünfhundert Witze hintereinander weg erzählen. Einige funktionieren immer. Wenn bei einer Veranstaltung im dunklen Zuschauerraum eine Flasche umfällt, sagt man: »Vorsicht! Da ist jemandem eine Kontaktlinse rausgefallen.« Funktioniert querbeet durch alle Generationen, genauso wie: »Fragt der Enkel den Opa vor dem Zebra-Gehege im Zoo: ›Wie spät ist es?‹ Sagt der Opa: ›Ich habe keine Uhr, aber es muss spät sein, die Pferde haben schon Schlafanzüge an.‹« Auch gut: »Warum sind AfDler so schlechte DJs? Weil sie den Unterschied zwischen 33 und 45 nicht kennen.« Entertainer gönnen sich untereinander nicht das Schwarze unter den Fingernägeln. Sie zitieren dauernd aus ihren Programmen und statt zuzuhören wird nur gelauert, wie man drankommt und witziger ist als der andere. Dieser egomane Witzelzwang ist natürlich peinlich und unfassbar anstrengend. Gottschalk hat mal gesagt, wenn er nachts die Kühlschranktür öffnet und drinnen geht das Licht an, fängt er zu moderieren an.

Hannelore Hoger, Schaupielerin: Der Schauspieler Fiete Grill wurde mal auf einer Premierenfeier von einem Hamburger Politiker gefragt, ob er eine Kollegin empfehlen könne, die man umstandslos ins Bett bekomme. Grill antwortete mit raumfüllender Stimme: »Da kann ich Ihnen leider gar keine Auskunft geben, Herr Senator. Ich ficke nur in Ihren Kreisen.« Das heutige Schauspielerleben ist frei von solchen Anekdoten. Wir sind bürgerlicher geworden und ärmer an Charakteren. Nach dem Drehen muss jeder eilig zum Flughafen, weil er noch Termine hat.

Woody Allen, Filmregisseur: Meinen Film *Der Stadtneurotiker* wollte ich eigentlich *Anhedonismus* nennen. Dieser Begriff bezeichnet die Unfähigkeit, dem Leben Freude und Vergnügen abzugewinnen. Die Verantwortlichen bei United Artists sagten aber: »Sorry, der Titel ist ein Marketing-Albtraum. Niemand weiß, was dieses Wortungetüm bedeutet, und wer es herausfindet, wird lieber zu Hause bleiben.« Wenn Sie also unbedingt ein Etikett für meine Weltsicht haben wollen: Ich bin Anhedonist. Ich habe allerdings so meine kleinen Strategien entwickelt, um Ablenkung und Zerstreuung zu finden. Ich schaffe mir Probleme, unter denen ich leide, die mich aber nicht töten: Filme! Wenn ich mich wochenlang mit einem Dialog herumquäle, muss ich mich nicht mit den unlösbaren Problemen meiner Existenz auseinandersetzen. Am liebsten würde ich ganz in meinen Filmen leben, um mich vor der Realität zu verstecken, aber Ärzte nennen das Leben in Fantasiewelten nun mal eine Psychose. Meine Filmerei ist wie Korbflechten in Irrenanstalten: Der Patient fühlt sich dabei etwas besser.

Peter Ustinov, Schauspieler: Bei der Frage, ob Lachen oder Weinen den größeren therapeutischen Wert hat, bin ich befangen. Ärzte finden das Leben wichtig. Beerdigungsunternehmer finden den Tod wichtig. Für mich unterscheidet uns nur das Lachen wirklich von den Tieren. Menschen zum Weinen zu bringen ist technisch leichter. Sogar ein Komiker kann Tränen hervorrufen. Eine der niederschmetterndsten Erfahrungen meines Lebens ist, dass Dummheit für Dumme offenbar unterhaltsam ist.

Friedrich Dürrenmatt, Schriftsteller: Humor entsteht aus Distanz – und Nachsicht. Ich kenne Schmerzen, wo ich lachen muss. Diese Schmerzen sind so schlimm, dass ich sie nur mit Humor ertragen kann. Der Humor wird im Alter stärker, und man selbst empfindet sich immer mehr als Komödie.

Jonathan Meese, Künstler: Verbitterte Künstler sind für mich das Schäbigste. Ihre Klagen sind dekoratives Geschwätz. Nur Nulpen leiden an der Kunst. Wenn man mich dazu zwingt, mein mickriges Pups-Ich zum Besten zu geben, dann tu ich das, aber immer nur sehr ungern, denn Ich-Versautheit führt ins totale Verderben, und Selbstverwirklichungsfanatiker ziehen andere mit in den Abgrund. Man sollte sein Ich rausfurzen. Bitte keine Individualität mehr und keine Meinungen. Ich interessiere mich ja auch nicht für meine eigene Meinung. Der philosophische Imperativ »Erkenne dich selbst!« ist Esoterik. Ich will mein Ich nicht kennenlernen. Dafür habe ich überhaupt keine Zeit. Ohne permanente Hermetisierung und Sperrkreise um mich herum geht es nicht. Es kann nicht das Ziel von Kunst sein, von jedem Kackarsch geliebt zu werden. Ein Bild ist der Puffer, der die Welt und die Menschen auf Abstand hält. Ich will abstoßen und in Ruhe gelassen werden: Weg mit euch, haut ab, ihr seid hier nicht richtig, ich will keine Anhänger produzieren, Guruismus ist scheiße!

George Tabori, Regisseur: Jeder gute Witz ist eine Katastrophe, und jeder wirkliche Humor ist schwarz. Es hat eine Funktion, dass in meinen Witzen ein kleiner Holocaust steckt: Durch die Verbindung von Scherz und Schmerz wird das Tragische nicht triefend.

Dieter Bohlen, Musiker und Produzent: Wenn Thomas Anders im Ausland die Speisekarte nicht verstand, bestellte er alle Hauptgerichte auf einmal. Die ließ er sich an den Tisch kommen und wählte eins aus.

*Über Arbeit,
Karriere und Geld*

»Unter Haifischen sollte man nicht bluten«

Donatella Versace

Karl Lagerfeld, Modedesigner: Der Model-Beruf basiert auf gewissen Ungerechtigkeiten. Wer heute als schön gilt, wird morgen kaum noch zum Putzen bestellt. Die Mädchen müssen wissen, dass Mode wie Krieg ist. Es gibt Schlachtfelder und Massengräber.

Joe Eszterhas, Drehbuchschreiber: Nach *Basic Instinct* war ich der teuerste Drehbuchschreiber der Welt. Meine Filme spielten mehr als eine Milliarde Dollar ein. Erfolg in Hollywood macht dich zu einem Monster. Erst zerstört dich diese Stadt, indem sie dir deinen Sinn für die Realität raubt, dann frisst sie dich genüsslich auf. Ich war ein Alkoholiker, der zum Frühstück Bier und Wodka trank, und meine Ehe hatte ich durch Hunderte Groupies und viele Kilo Kokain ruiniert. Ich wusste weder, wie ein Geldautomat funktioniert, noch hatte ich eine Kreditkarte. Wenn ich Geld brauchte, rief ich meine Bank an, und die schickten mir einen Boten mit einer Plastiktüte voll Dollarscheinen. Erfolg in Hollywood schenkt dir natürlich auch süße Momente. 1992 saß ich in einem Hotelzimmer und wartete. Ich hatte das Drehbuch zu *Sliver* beendet und wie verabredet an den Produzenten Robert Evans geschickt. Das Skript war ein Knüller, aber zwei Tage lang kam weder ein Anruf von Evans noch ein Fax. Ich dachte: Verdammt, Evans, ich bin nicht irgendwer! Den erfolgreichsten Drehbuchautor der Welt lässt man nicht achtundvierzig Stunden lang warten! Nach drei Tagen klopfte es an der Tür meiner Suite. Evans? Nein, ein junges Ding, bildhübsch – und sie trug einen Nerzmantel! Als ich die Tür schloss, öffnete sie ihren Nerzmantel. Darunter trug sie nichts. Aus ihrer Pussy hing eine kleine rote Seidenkordel. Sie zog daran, und es erschien ein Blatt Papier. Darauf stand: »Best script I've ever read – Bob Evans.« Das Papier roch köstlich. In solchen Augenblicken kann dir Hollywood wie das Paradies vorkommen.

Robert Evans, Filmproduzent: Ich wurde als Robert J. Shapera geboren. Als Jude in Hollywood bis du unfähig, dich jemals als echter Gewinner zu fühlen. Du wirst nie dieses Gefühl los, dass hinter deinem Rücken getuschelt wird: »Na ja, ganz nett, dass der Typ jetzt so viel Geld hat, aber ein Jude bleibt er trotzdem.« Zurückweisung führt zu Besessenheit. Je lauter über mich gelacht wurde, desto verbissener verfolgte ich meine Ziele. Ich habe Klassiker produziert wie *Rosemary's Baby, Catch 22, Love Story, Harold and Maude, Der Pate, Chinatown, Marathon Man* und *Cotton Club*. Seither weiß ich: Wer sich in Hollywood an die Regeln hält, endet mit Glück als Buchhalter. Mein englischer Butler war angewiesen, die Namen der Frauen, die über Nacht blieben, auf einem Zettel zu notieren und mir unauffällig unter einem Teller auf dem Frühstückstablett zu servieren. So konnte ich das Mädchen, das morgens neben mir lag, mit ihrem Namen ansprechen.

Diane Kruger, Schauspielerin: Meine Berufskrankheiten sind Selbstbeobachtung und Egozentrik. Wir Schauspieler gucken uns dauernd auf den Bauchnabel, und wenn wir nicht mit dem eigenen Bauchnabel beschäftigt sind, reden wir mit Kollegen über deren Bauchnabel. Deswegen umgeben sich Schauspieler so gern mit Schauspielern. Ich lese nicht mehr, was über mich geschrieben wird. Wenn ich eine Kritik lese, erfahre ich mehr über den Kritiker als über mich. Eine Hymne über sich zu lesen kitzelt zwar das Ego, aber anschließend hast du Brausepulver im Kopf und triffst überhebliche Entscheidungen. Ein Verriss lässt dich tagelang nicht mehr los, und am Ende kannst du die verletzendsten Passagen auswendig. Warum sollte ich mir das antun? Abhärtung mag in vielen Berufen nützlich sein, aber für Schauspieler ist sie der Tod. Wir leben von unserer Verletzlichkeit. Unsere offenen Poren sind unser entscheidendes Kapital.

Steven Spielberg, Filmregisseur: Ein Drehbuch zu schreiben gehört zum Anstrengendsten, was ich je gemacht habe. Deshalb gibt es nur so wenige von mir. Maskottchen oder Talismane helfen mir beim Schreiben nicht. Der einzige Voodoozauber, der wirkt, ist Grabesstille – und ich rede von einem sehr tiefen Grab. Höre ich, wie der Luftzug der Klimaanlage gegen mein Trommelfell stößt, fluten Ideen mein Hirn. Höre ich Geräusche oder Stimmen, bin ich wie ein Angler, bei dem die Fische nicht beißen.

Alessandro Michele, Chefdesigner von Gucci: Die Modewelt ist eine Blase, in der sich alle ähneln. Modedesigner lesen Modemagazine, essen Modegerichte, reden in Interviews über Mode, und wenn sie Werbebilder brauchen, beauftragen sie einen Modefotografen. Alle paar Jahre taucht jemand auf, der sich nicht an diese Konventionen hält. Wenn ich mit einem Stoff experimentiere, ist das wie eine Sitzung beim Psychotherapeuten. Ist es der richtige Stoff, löst er einen Pfropfen in mir, und mein inneres Auge sieht, wie Bilder und kulturelle Symbole aus unterschiedlichen Epochen aufeinanderprallen. Aus diesem Durcheinander entsteht meine Mode. Sie können das Eklektizismus nennen. Ich sage lieber, ich bereite einen Fruchtsalat der Schönheit zu. Ich halte es für auf links gedrehte Eitelkeit, wenn einer sich sehr viel Mühe gibt, so auszusehen, als hätte er sich sehr wenig Mühe gegeben. Nur einem Bauern, der frühmorgens im Stall seine Kühe melkt, glaube ich, dass er in diesen Momenten nicht über sein Aussehen nachdenkt.

Einar Schleef, Theaterregisseur: Man lasse einen guten Darsteller erklären, was er in seiner Rolle macht, und es sträuben sich einem die Haare. Dieses Nietentum gilt für alle Künstler. Man selbst erkennt nicht, was man macht. Der größte Frust mit meiner Freundin ist, dass sie mir erklären muss, was ich da getippt habe. Ich muss sie als Interpretin haben, weil ich zu dumm bin für die gedankliche Durchdringung des von mir Getippten.

Mario Vargas Llosa, Literaturnobelpreisträger: 1987 wollte ich Staatspräsident von Peru werden. Mein Heimatland bot damals ein apokalyptisches Bild. Guerillabewegungen wie *Leuchtender Pfad* ermordeten Tausende Menschen, es gab Hyperinflation, Korruption und riesige Staatsfirmen, die vollkommen unfähig waren. Das wollte ich ändern. Etwas in mir wollte mehr bewegen als den Stift übers Papier. Ich musste lernen, dass ich als Politiker eine Null bin. Ich fühlte mich als Laiendarsteller in einem Medientheater und musste begreifen, dass das Fernsehen das wichtigste Instrument in einem Wahlkampf ist. Sie können die hehrsten Ideen haben, aber sobald es an ihre Verwirklichung geht, sind Sie in Intrigen, Verschwörungen, Paranoia, Verrat und Abgründe an Schmutz und Niedertracht versponnen. Wenn ich eins über den Morbus der Politik gelernt habe, dann dies: Der Kampf um die Macht lockt die Bestie in uns hervor. Was den Berufspolitiker wirklich erregt und antreibt, ist das maßlose Verlangen nach Macht. Wer diese Obsession nicht hat, wird der kleinlichen und trivialen Praxis der Politik angeekelt den Rücken zukehren.

Julian Schnabel, Maler: Was ich bin und was ich zu sagen habe, findet sich in meinen Bildern. Die Sprache und die Malerei sind Feindinnen. Könnte ich mich mit Wörtern ausdrücken, müsste ich nicht malen. Meine Erläuterungen zu meinen Bildern sind irrelevant. Wenn ein Künstler erklärt, warum er ein Bild gemalt hat und was es bedeutet, lügt er. Kein Künstler weiß, warum er tut, was er tut. Er weiß nur, wie es geht. Kunst entzieht sich der Kausalität und der Soziologie. Kunst ereignet sich. Das setzt voraus, dass der Künstler selbstvergessen ist. Der Anteil des Bewusstseins am Malen ist so gering, dass ich hinterher oft verblüfft bin über das, was auf der Leinwand zu sehen ist.

Künstler haben diesen gefräßigen Blick, weil sie so gut wie alles inspiriert. Aber was davon zu einem Bild führt, ist ein Mysterium. Auf das Malen kann man sich ebenso wenig vorbereiten wie auf das Träumen. Allenfalls gibt es begünstigende Umstände. Bei mir sind es die Sommermonate in meinem Haus in Montauk auf Long Island, wenn ich unter freiem Himmel malen kann. Ich mag es, wenn Bilder nach Sonne und Regen duften statt nach Glühbirne und Achselschweiß.

Martina Gedeck, Schauspielerin: Im realen Leben verhalten sich Schauspieler oft, als wäre ihr ganzes Verständnis für menschliche Verhaltensweisen in ihren Textbüchern stecken geblieben. Wenn man sich einer Figur von außen nähert, macht einen die Distanz klüger. Ein guter Schauspieler kann sich viel besser in einen Tyrannen hineinversetzen als der Tyrann selbst. Sobald es aber um die eigene Person geht, hat man ein weißes Blatt vor sich. Es gibt kein Drehbuch, keinen Text, dessen innere Partitur man ergründen könnte. Ich könnte mich als Figur nicht bauen. Müsste ich mich selbst spielen, würde ich ins Trudeln geraten. Ich weiß ja gar nicht, wie ich bin. Da müsste ich sehr auf den Regisseur hören. Jemand, der nicht Schauspieler ist, würde mir jetzt vielleicht sagen: »Was reden Sie denn da? Es gibt doch niemanden, den Sie besser kennen als sich selbst.« Aber nee, ich bin mir eigentlich ein absolutes Rätsel.

Robbie Williams, Musiker: Selbstbeobachtung und Selbstinszenierung sind die Berufskrankheit jeden Entertainers. Sie führen dazu, dass du selbst in intimsten Momenten neben dir stehst und dir zuschaust. Das verdirbt in Wahrheit fast alles. Ich kann nicht allein sein. Ich beobachte mich dann beim Robbie-Sein wie durch eine Videokamera und kommentiere, was ich sehe. Das ist die Hölle.

Markus Lüpertz, Maler: Kunst können Sie nur über die Hingabe an einen Meister beigebracht bekommen. Meine Rolle ist die des Meisters, und der Schüler will ein bisschen davon abhaben. Infolgedessen muss er sich anschmeicheln und mich so weit verführen, dass ich ihn interessant finde. Ich betrachte mich zuerst als Talentverhinderungsmaschine. Solange es mich gibt, hat der Schüler kaum eine Chance. Gegen dieses Bollwerk muss er anstinken. Wenn er das schafft, kann er auch was. Jeder Schüler erträgt das nur drei, vier Jahre. Dann geht er voller Hass und Unbill – aber sein Ehrgeiz ist grenzenlos! Die Psychodramen meiner Schüler gehen bis zu Demonstrationen vor meinem

Atelier. Aber ich bin auch abgelehnt und rausgeschmissen worden. Ich habe gigantische Niederlagen überlebt. Das hat mich nie gehindert, daran zu glauben, ich sei der Größte. Selbstzweifel sind mir unbekannt. Ich male fünf bis sieben Stunden am Tag und brauche weder Stimmungen noch Einfälle. In meinem Kopf schwirrt eine nie abreißende Kette von Bildern herum. Wenn ich von einem Schauspieler an der Wiener Burg lese, er hat Lampenfieber, denke ich: Was erzählt der da? Das ist doch alles nur dummes Gewäsch für die Presse, um sich menschlich darzustellen. Als Künstler bist du unmenschlich oder gar nichts. Ich lasse nicht zu, dass jemand weiß, dass mich etwas quält, weil es kokett ist, mit seinen Verzweiflungen rumzuhampeln. Ich habe einmal gestattet, dass man mich beim Malen filmt. Die Leute waren erschrocken über diese Schlachten. Das ist, als wenn Sie mir beim Sterben zuschauen. Ein Künstler soll göttlich sein. Wer sein Talent für Volksaufklärung oder politische Agitation einsetzt, bleibt zeitlebens ein Dilettant. Nicht die Themen machen groß, sondern die eigene Größe.

Peter Schmidt, Produktgestalter: Wenn Sie das Herz eines Künstlers brechen wollen, machen Sie ihm ein Kompliment, das mit den Worten beginnt: »Ihre Arbeit erinnert mich an ...«

Gunter Sachs, Anleger und Kunstsammler: 1972 habe ich in Hamburg-Pöseldorf eine Kunstgalerie eröffnet. Der erste Maler, den ich ausstellen wollte, war Andy Warhol. Er nahm die Einladung an und kam zur Eröffnung. Tout Hamburg war da, und es wurden sechzig Flaschen Champagner getrunken – aber niemand kaufte ein Bild. Weil mich die Ignoranz der hanseatischen Hautevolee genierte, klebte ich, wenn Warhol nicht guckte, rote Punkte an die Bilder. Das hieß: verkauft! Am Ende gehörte mir gut ein Drittel der ausgestellten Werke. Für Warhols *Superman* zahlte ich achtzehntausend Mark. 2004 habe ich das Bild für fünfundzwanzig Millionen Dollar verkauft.

Vivienne Westwood, Modedesignerin: Mein Mann sagt, an mir sei ein Barfußmönch verloren gegangen. Ein Auto hatte ich nie, ich fahre Fahrrad. Abends laufe ich durch die Räume unseres Designstudios und sammle leere Plastikflaschen ein, damit sie in die Wertstofftonne kommen. Zu Hause gehe ich meinem Mann auf die Nerven, weil ich immer sofort die Heizung abstelle und das Licht runterdimme, wenn er mal für zwei Minuten aus dem Zimmer geht. Meine Haare lasse ich von einem billigen Herrenfriseur bei mir um die Ecke schneiden.

Alessandro Michele, Chefdesigner von Gucci: Eitelkeit ist eine Last. Mit Selbstzweifeln vor einem Spiegel zu stehen ist demütigend. Andererseits ist Eitelkeit die stärkste Produktivkraft, die ich kenne. Sie bringt die Welt zum Flirren, weil sie Menschen anstiftet, schön sein zu wollen und andere zu beeindrucken. Ohne Eitelkeit würde es weder Verführung geben noch Raketen, die in den Weltraum fliegen. Es ist wie eine heilende Medizin, Schönheit zu betrachten, aber sie versetzt uns auch einen schmerzhaften Stich, weil sie uns darauf stößt, wie unvollkommen wir im Vergleich mit ihr sind.

Friedrich Dürrenmatt, Schriftsteller: Ich habe die Wände und die Decke meiner Toilette bis auf den letzten Quadratzentimeter bemalt. Wir haben keine Orte mehr, in die man sich zurückziehen kann, keine Privatkapellen. Das WC ist der letzte verbliebene Ort der Einkehr und Kontemplation. Auf dem WC habe ich sehr viele Einfälle. Es ist ja ein Entleeren, was dort stattfindet.

Balkrishna Doshi, Architekt: Ich möchte nichts besitzen. Das ist schon sehr lange so. Meine Schätze sind meine Träume, meine Gedanken, meine Ideen. Besitz hat keine Bedeutung, weil wir sterblich sind. Schauen Sie nicht auf den Besitz eines Menschen, sondern auf die Motive, mit denen er erworben wurde. Im selben Augenblick hören Sie auf, auf Besitztümer neidisch zu sein.

Wolfgang Joop, Modedesigner: Ich funktioniere am besten, wenn ich zwischen totaler Verzweiflung und produktivem Rausch oszilliere. Ohne Panik kein Paradies, ohne Hadern kein Glück. Selbstzweifel sind ein Schutzschild gegen die Banalität, die in jedem von uns gierig darauf lauert zuzuschlagen.

Donatella Versace, Modedesignerin: Am 15. Juli 1997 war ich mit meinen beiden Kindern in Rom und bereitete auf der Spanischen Treppe eine Modenschau vor. Plötzlich schrie mein Bruder Santo: »Hört sofort auf! Gianni hat einen Unfall gehabt!« Man gab mir die Telefonnummer eines Krankenhauses in Miami. Als ich den zuständigen Arzt erreicht hatte, fragte ich, wie es meinem Bruder gehe. Die Stimme im Hörer sagte: »Es tut mir sehr leid, Ihr Bruder ist vor drei Minuten gestorben.« Die Welt stand still. Mein erster Gedanke war: Meine Kinder! Ich muss zu ihnen! Es war ausgemacht, dass sie im Hotel einen

Zeichentrickfilm im Fernsehen schauen. Als ich ein paar Minuten später in ihr Zimmer stürmte, sah ich, dass sie einen Schock erlitten hatten. Der Zeichentrickfilm war wegen einer Sondersendung unterbrochen worden, und sie hatten ihren Onkel in seinem Blut liegen sehen. In jedem Leben gibt es ein Ereignis, das das eigene Lebensgefühl neu definiert. Danach ist alles anders, und die Vergangenheit verblasst. Dieses Ereignis war für meine Kinder und mich die Ermordung meines Bruders. An die ersten Monate nach Giannis Tod habe ich so gut wie keine Erinnerungen. Ich kroch in einem Tunnel aus Einsamkeit und Schmerz umher. Statt meine Gefühle zuzulassen, zog ich Kokain in die Nase und versuchte den Leuten Gianni zu geben. Aber es war nie genug Gianni. Probierte ich etwas Neues, hieß es kopfschüttelnd: »Was macht sie denn jetzt?« Meine Haare wurden blonder und blonder, mein Make-up dicker und dicker. Ich fühlte mich von aller Welt mit Nadelblicken beäugt und schuf eine Maske, hinter der ich Schutz suchte. Niemand durfte sehen, was ich durchmachte, denn unter Haifischen sollte man nicht bluten. Ich war das neue Gesicht von Versace. Wer kauft Mode von einer schwachen, labilen Designerin, die ihre Sinne nicht beisammenhat, weil sie Drogen nimmt und sich deshalb nicht leiden kann? Niemand! Aus diesem Grund schuf ich eine zweite Donatella: kalt und unnahbar, aggressiv und Angst einflößend. Erst nach sieben, acht Jahren wurde ich stärker und lernte den Druck auszuhalten, ein Genie zu beerben.

Salman Rushdie, Schriftsteller: Es ist gespenstisch, aufgrund eines Todesurteils ein berühmter Schriftsteller zu werden. Ich selbst hasse es am meisten, für alle »der Typ mit der

Fatwa« zu sein. Ich weiß doch auch, dass *Die satanischen Verse* trotz Millionenauflage der am wenigsten gelesene Bestseller der Welt ist. Je mehr ein Buch zum Ereignis wird, desto weniger Lust hat man, es zu lesen.

Heiner Müller, Dramatiker: Mehr als zwei, drei kreative Stunden am Tag gibt es nicht. Früh um sechs geht es bei mir am besten. Morgens ein Whisky ist ganz gut, aber beim Schreiben selbst dann möglichst nichts trinken. Bei Theaterproben ist das was anderes. Da kann man trinken. Theater ist wie Gammeln. Zigarre rauchen gibt eine ruhige Haltung beim Schreiben. Theaterdialoge kann ich nur im Gehen schreiben, mit den Füßen. Man braucht ein Gefühl für die Bewegungen der Figuren auf der Bühne. Das erfordert die Eigenbewegung. Einmal kam ich bei einem Text absolut nicht weiter. Ich trank mindestens eine halbe Flasche Whisky und tippte irgendwas blind in die Maschine, um weiterzukommen, nachts, ohne Kontrolle. Ich wusste wirklich kaum, was ich da hinschreibe. Am nächsten Morgen stimmte es bis auf ein paar Details. Blindheit gehört also manchmal dazu.

Diane Kruger, Schauspielerin: Professionelles Schönsein ist Knochenarbeit. Eine Handvoll Leute verwandeln dein Gesicht in etwas, das es in Wirklichkeit nicht ist, und du posierst in Klamotten, die andere für Kunst halten. Würde man mich mit vorgehaltener Waffe zu einer Schönheitsoperation zwingen, würde ich mir für ein paar Wochen einen Kim-Kardashian-Hintern machen lassen. Einmal im Leben erfahren, wie Männer dich angucken, wenn du so ein mordsmäßiges Hinterteil hast!

Peter Schmidt, Produktgestalter: Im Keller seiner Seele weiß jeder von uns, dass ein Sarg keine Regale hat. Sich von Dingen zu trennen, kann schöner sein, als sie zu erwerben. Je reicher die Menschen sind, desto mehr arbeiten sie. Kreative Muße ist demonstrativem Stress gewichen. Wer heute wichtig erscheinen will, muss unbedingt geschäftig wirken. Das Merkmal der wahren Aristokratie der Zukunft wird sein, dass man über seine Zeit verfügen kann.

Kirk Douglas, Schauspieler: Wenn man drei Filme im Jahr dreht, denkt man mehr über die Rollen nach als über sich selbst. Ich kannte Spartacus und Vincent van Gogh besser als mich. Das Schwierigste für einen Schauspieler ist, er selbst zu sein. Ohne Drehbuch kommt man sich fürchterlich nackt vor.

Anne Bennent, Schauspielerin: Ich war am Wiener Burgtheater eine Art Prinzessin. Je größer die Rolle, desto näher ist deine Garderobe an der Bühne. Ich habe immer davon geträumt, eine Kammerzofe zu haben, und an der Burg hast du eine bezaubernde Garderobiere. Wenn ich eine Melange aus der Kantine haben wollte, brachte sie mir die selbstverständlich. An der Garderobentür hat man ein kleines Messingschild mit seinem eingravierten Namen. Wenn es geklaut wird, ist das die größte Ehre. Dann ist man wirklich berühmt in Wien. Meines ist geklaut worden. Da wusste ich: Du musst weg, dir geht es zu gut!

Elyas M'Barek, Schauspieler: Große Erfolge ruinieren die Fähigkeit zum Zuhören. Wer Aufmerksamkeit geschenkt bekommt, glaubt irgendwann, den anderen nicht mehr zuhören zu müssen, und hält alles, was er sagt, für wahnsinnig interessant. Der Letzte, der das merkt, ist man selbst.

Alexander Kluge, Schriftsteller und Filmemacher: Ein Text ist fast immer klüger als sein Autor. Der Anteil des Bewusstseins am Schreiben ist deutlich geringer, als man meint. Wenn Sie richtig in Fahrt sind und sich der Spitze des Bleistifts anvertrauen, sind Sie hinterher verblüfft, was Sie geschrieben haben. Ein Autor ist auch nicht dazu da zu verstehen, was er geschrieben hat. Er soll selbstvergessen sein. Ein Komponist, der Noten notiert, weiß auch nicht, was er tut. Ich glaube, dass jemand, der etwas erlebt, besonders unfähig ist, es zu beschreiben. Ich kann die Geburt unserer Tochter besser beschreiben als meine Frau. Peter Handke würde behaupten, man müsse etwas selber erleben, um es zu beschreiben. Das ist für mich seit Karl May widerlegt. Als er die Gegenden bereiste, die er sich zuvor nur vorgestellt hatte, wurde aus einem großen Erzähler ein schlechter Autor.

Rem Koolhaas, Architekt: Schönheit erschafft man nur, wenn man sie nicht anstrebt. Sie entsteht eher zufällig als geplant. Für mich ist Schönheit nicht notwendigerweise an Sinneseindrücke gebunden. Ich kann eine Plattenbausiedlung aus der Zeit der DDR schön finden, weil sie das Streben nach Gleichheit verkörpert.

Peter Rühmkorf, Lyriker: Mir sind unter Hanfeinfluss eine Menge guter Zeilen gelungen. Ich weiß heute noch, welche. Die Drogenwelt gehört zur Vorsphäre der Poesie. Das Verrückte und Ausgefallene muss dann in nüchternem Zustand bearbeitet und an seinen richtigen Platz gesetzt werden. Auch Schnaps kann anregend sein, um tiefere Schichten zu lockern. Man wird wagemutig, und es fallen gewisse Zivilisationsgitter. Der Panzer der Arbeitsperson zerbricht. Außerdem kommt das andere Ich zum Vorschein – und bei Dichtern sind das Gedichtzeilen. Ich benutze Hanf wie ein Segelflieger, nicht wie ein Bruchpilot. Es gibt die Situation, wo man völlig *stoned* in Embryonalstellung unterm Tisch liegt und nur noch in sich hineindöst. Das sind keine fruchtbaren Zustände. Wenn der Stoff belebt und beflügelt, reden die Leute plötzlich in Zungen. Es kommt aber nur heraus, was schon drinnen war. Es gibt auch Leute, die dann eine belegte Zunge kriegen. Das hat dann keinen Zweck. Da kann man nur sagen, dass derjenige beim Schnaps bleiben sollte.

Friedrich Dürrenmatt, Schriftsteller: Romane langweilen mich zu Tode. Ich würde meine Romane nie lesen, hätte ich sie nicht selbst geschrieben. Ich lese sehr sorgfältig, und Romane sind mir immer zu lang. Ich muss sagen, ich habe noch keinen Peter Handke gelesen und Thomas Bernhard kenne ich nur vom Fernsehen. Ich bleibe fast in jedem Buch stecken, weil ich beim Lesen in meine eigene Welt hineinsinke.

Thomas Kapielski, Schriftsteller: Die Leute lesen bei mir Sachen wie »Charmehaar«, »je Dickens destojewski« oder »Kann den Hegel Gründgens sein?« und fragen dann, ob ich beim Schreiben trinke. Ich habe mich mal drei Jahre lang systematisch tagsüber duhn gehalten. Statt kein Bier vor vier, vier Bier um zwölf. Eine nüchterne Lösung, die besoffen nicht standhält, kann in den Mülleimer. Mein vorläufiges Fazit: Nüchtern bin ich besser, besser zu mir, zu Menschen und beim Schreiben – aber besoffen geht es mir besser. Ohne taktisch gesetzte Räusche durch taoistisches Biertrinken würde ich dieses Leben nicht ertragen, denn das Sein verstimmt leider das Bewusstsein. Zu meiner K-Gruppen-Zeit sind wir nachts rumgezogen und haben BMW-Cabrios mit roten Ledersitzen gesucht. Dann haben wir in der Umgebung so lange Schnaps verkostet und Pizza gefressen, bis man in Cabrios kotzen konnte. Unser Motto war: »Brecht das Brot und verteilt es unter den Reichen!«

Peter Savic, Starfriseur in Hollywood: Menschen, deren Beruf die Erzeugung von Schönheit und Verführung ist, sehen oft demonstrativ ungepflegt und nachlässig gekleidet aus. Man will zu dem, was man erzeugt, einen professionellen Abstand wahren. Wer so aussehen will wie die Leute, für die er arbeitet, steht von uns aus gesehen auf der falschen Seite. Stars machen die Erfahrung, dass ihr Ruhm bei ihren Mitmenschen eine Verhaltensstörung auslöst. Man begegnet ihnen mit übertriebener Ehrfurcht oder krasser Neugier. Deshalb ist man gut beraten, sich so ruhig und normal wie möglich zu verhalten. Das entspannt den Star.

Elfriede Jelinek, Literaturnobelpreisträgerin: Mit dem Schreiben beginne ich sehr früh, im Sommer schon um halb sieben. Wenn ich mich an den Schreibtisch setze, muss ich ein vollkommen leeres Gehirn haben. Ich darf auch vorher nicht sprechen. Deswegen muss ich allein leben. Um halb neun vormittags unterbreche ich das Schreiben und gehe mit dem Hund spazieren. Das Gehen ist gut für mich.

Ich war schon in der Kinder-Psychiatrie, weil ich als Mädchen stundenlang wie ein Tier im Käfig hin- und hergelaufen bin. Ich weiß nicht, ob die Gedanken die Motorik stimulieren oder die Motorik nötig ist, die Gedanken herauszubringen. Ich brauche jedenfalls das Motorische, um denken zu können. Das ist wahrscheinlich eine Entkrampfung, etwas wie eine Massage. Leider bin ich ein extremer Gewohnheitsmensch. Die ausgedruckten Manuskriptseiten müssen immer links vom Computer liegen. Dadurch bin ich schon zum Krüppel geworden, habe mein Genick schon zerstört durch diesen ständigen starren Blick nach links. Ich muss mich wie Frankensteins Tochter immer ganz umdrehen, wenn ich sehen möchte, was hinter mir ist. Beim Schreiben muss ich ganz abgeschlossen sein. Sogar ein offenes Fenster irritiert mich. Eigentlich ist mein Arbeitszimmer eine Nonnenzelle, genau wie mein Schlafzimmer, das dahinter liegt. Ich lebe auch ziemlich nonnenhaft. Ich kann nicht genießen. Ich habe es nie gelernt. Auch das Schreiben ist kein Genuss. Es ist das Quälende. Etwas, was man tut wie Kotzen: Man muss es tun, obwohl man es eigentlich nicht will. Wenn ich meine eigenen Sachen lese, wird mir körperlich unwohl. Ich habe neulich meinen Lektor getroffen. Der hatte ein Manuskript von mir dabei. Während wir gegessen haben, habe ich darin gelesen. Es ist mir übel geworden. Ich habe einen intensiven Selbsthass empfunden und wollte nichts damit zu tun haben. Ich wollte sofort, dass das vom Erdboden verschwindet. Auf meinen Schreibtisch darf nichts, was nicht mit der Arbeit zu tun hat, nicht mal ein Glas Wasser oder ein Apfel. Es ist eine abstrakte Reinheit, wie ein Chirurg, der, bevor er operiert, ins Dampfbad geht, damit er porentief gereinigt ist.

Joachim Kaiser, Kritiker: Zur Déformation professionnelle eines Rezensenten gehört, sich für bedeutender zu halten als die Künstler, über die man zu Gericht sitzt. Jeder junge Kritiker neigt dazu, zeigen zu wollen, dass er klüger ist als das Objekt, über das er schreibt. Der Dramatiker Ionesco hat mal ein Stück umgearbeitet, weil ich in einer Kritik geschrieben hatte, der dritte Akt sei misslungen. So etwas ist natürlich höchst angenehm für das eigene Imponierbedürfnis. Einen exzeptionellen Kritiker zeichnet aus, dass er gegen seinen eigenen Geschmack argumentieren kann. Wenn ein Brechtianer für Brecht ist, finde ich das doof. Ich schreibe fünfundzwanzig Prozent höflicher, als mir zumute ist – und das Alter stimmt nochmals milder. Ich weiß doch, wie sehr ein Verriss das eigene Ego verletzt. Die negativen Kritiken, die ich für meine fast zwanzig Bücher weiß Gott auch bekommen habe, könnte ich noch auf dem Sterbebett auswendig zitieren. Die positiven habe ich allesamt vergessen. Wenn man einen Kritiker kritisiert, geht für den die Welt unter. Arthur Koestler meinte, Schriftsteller zu mögen und ihnen dann zu begegnen, sei, wie Gänseleberpastete zu mögen und dann die Gans zu treffen. Meine Erfahrungen sind anders. Schriftsteller sind im Allgemeinen naiver als das, was sie schreiben – und das macht sie mir sympathisch. Den Böll habe ich sogar geliebt. Der war von einer unglaublichen Reinheit. Bei einem Vortrag von ihm schrie der Verleger Michael Krüger: »Herr Böll, Ihr Vergleich hinkt!« Seine Antwort war: »Man kann auch hinkend sein Ziel erreichen.«

Daniel Kehlmann, Schriftsteller: Wenn man in kurzer Zeit viele Interviews gibt, fängt man plötzlich an, sich beim Zähneputzen oder Schuhezubinden selbst zu interviewen.

Das ist eine ganz merkwürdige Art von Selbstverdoppelung. So als wäre man ständig in Gesellschaft eines lästigen Kerls, der nicht aufhört, auf einen einzureden. Man sagt dann: »Jetzt sei doch endlich mal still!« Aber man selber ist es, der dauernd quatscht. Man hat immer das Gefühl, es gibt einen anderen, über den man die ganze Zeit spricht und dessen öffentliche Vertretung man ist. Nachher braucht man eine Einsamkeitsphase, um wieder denkend eins mit sich zu sein, statt in diesem Diskursverhältnis sich selbst gegenüberzustehen. Wenn ich mir selbst gegenüber eine öffentliche Person werde, ist das das sichere Ende jeder echten Produktivität.

Peter Schmidt, Produktgestalter: Man kann Menschen mit Hässlichkeit erschlagen wie mit einer Axt, oder man kann sie durch die Veredelung von Alltagsgegenständen zu schönheitsbewussten Wesen erziehen. Die Dinge, die uns umgeben, prägen uns ähnlich stark wie die Sprache, die wir sprechen. Ein Raum mit gelungenen Proportionen löst Glücksgefühle in uns aus, eine McDonald's-Filiale dagegen lässt uns in Einsamkeit und Sinnlosigkeit ertrinken. Die Gewöhnung an die alltäglichen Scheußlichkeiten greift tiefer in unseren Charakter ein, als viele meinen. Stendhal hielt Schönheit für eine Verheißung von Glück. Diese Sehnsucht gilt es wachzuhalten. Vielleicht ist es die wichtigste Fähigkeit des Menschen, sich durch Schönheit erstaunen zu lassen.

Julian Schnabel, Maler: Wenn ein Bild gut ist, verliert es seinen Stil und die Zugehörigkeit zu einer Schule. Als ich mit einundzwanzig meine ersten Bilder in New York malte, quälten mich Selbstzweifel, weil jedes neue Bild von mir anders aussah als das vorige. Heute weiß ich, es ist ein Segen, keinen Stil zu haben. Ein Künstler, der sich auf eine Formel festlegt, wird vom Kunstmarkt dafür bezahlt, mit dem Denken aufzuhören. Er soll liefern, was die Leute von ihm erwarten. Variationen eigener Bilder zu malen ist zum Sterben langweilig, ein Sport für Gehirntote. Stil ist eine Falle, ein Symptom für Resignation und Muskelschwund.

Einar Schleef, Theaterregisseur: Unsere Regisseure bewegen sich in Gehaltsklassen, die sie die Realität nicht sehen lässt, die sie darstellen sollten. Wie ich im Theater auftrete, bin ich eine makabre Provokation. Ich esse Aldi, und meine Klamotten sind Bilka. Die dauernde Diskussion mit den Schauspielern ist: Ziehe ich eine Verzichtshaltung durch, oder mache ich auch Mist, um Geld zu verdienen? Luxus ist für mich Bewegung und Raum, also Platz, Quadratmeter. Aldi-Essen ist okay, aber Hundehütte nicht.

Harry Mulisch, Schriftsteller: Jeder, der Macht erwirbt, denkt, es liegt an seiner Persönlichkeit. Dabei hatte die Macht von Leuten wie Hitler und Stalin physische Gründe. Es war ihre fleischliche Konstitution, ihre Motorik. Dalí sagte über Hitler: »Ich liebe seinen Rücken.« Der Philosoph Karl Jaspers fragte einmal seinen Kollegen Martin Heidegger: »Wie kann ein so ungebildeter Mensch wie Hitler Deutschland regieren?« Heidegger antwortete ihm: »Bildung ist gar nicht wichtig. Sehen Sie sich mal Hitlers schöne Hände an.« Ich war mal bei Albert Speer, Hitlers Architekten, um für ein Buch zu recherchieren. Er sagte: »Hitler ist für mich immer noch leibhaftig anwesend.« Er sagte »leibhaftig«, nicht »im Geiste«. Er war immer noch verliebt in dieses Führerfleisch.

Alessandro Michele, Chefdesigner von Gucci: Ein Kleid kann einen Gedanken ebenso gut transportieren wie ein Gedicht, ein philosophischer Essay oder ein Peanut-Comic von Charles M. Schulz. Mode ist verdaute Soziologie. Man kann mit Kleidung Zustimmung oder Protest demonstrieren wie mit einem politischen Transparent. Auch das gehört zur Macht der Mode.

Markus Lüpertz, Maler: Es hat seine tiefere Richtigkeit, dass meine Bilder Millionen kosten. Die Atmosphäre, die ich zum Malen brauche, kostet mit den Jahren immer mehr. Und was tut ein Sammler, dessen Haus abbrennt? Er rettet nicht das geschenkte Bild, sondern das für ein paar Millionen. Der teure Künstler wird durch die Rettungsaktion der Ewigkeit überantwortet, der schenkende kommt im Feuer um. Nur mit Spitzenpreisen wird deine Kunst ewig.

Cyrille Vigneron, CEO von Cartier: Luxus ist eine Notwendigkeit, die niemand braucht, ein Fluchtversuch vor der Mühsal und Monotonie des Lebens. Sobald Menschen den Kampf um ihr physisches Überleben gewonnen haben, beginnen sie nach einem ästhetischen Mehrwert zu suchen. So entstehen Schönheit, Kunst und Grandeur. Tiere kennen dieses Verlangen nach Selbstbelohnung nicht. Der Wunsch nach Luxus gehört also zum menschlichsten des Menschen.

Iris Berben, Schauspielerin: Die Leute machen sich ein Bild von mir, dem ich entsprechen will, weil ich es selbst mit erfunden habe. Meine Lippen werden immer rot sein, sogar am Strand. Und ich würde es nicht schaffen, nur mit einer Hautcreme im Gesicht aus dem Haus zu gehen. Das ist eine Form von Nacktheit, die ich schlimmer finde als die Nacktheit des Körpers. Ich fühle mich dann angreifbar und schutzlos. Es ist für mich schon ein Kraftakt, morgens ungeschminkt zu Dreharbeiten zu gehen, wenn ich weiß, dass dort Leute sein werden, die mir unvertraut sind.

Jurek Becker, Schriftsteller: Ich kann einen furchtbaren Streit mit meiner Frau haben und mich drei Minuten später hinsetzen und schreiben, als wäre nichts gewesen. Es gelingt mir aber nicht, mir diese Hornhaut gegen Geräusche wachsen zu lassen. Wenn draußen ein Hund bellt, macht mich das krank. Dann habe ich Lust, das Fenster aufzureißen und wie ein Blöder zu brüllen. Ich weiß natürlich, dass man Störungen als Erklärung für Misslingen missbraucht.

Daniel Kehlmann, Schriftsteller: Erfolg macht freundlich und dumm. Man findet alles toll und fühlt sich von netten, klugen Leuten umgeben, weil man die Welt durch den Schleier der Selbstzufriedenheit betrachtet. Erfolg ist schlecht für die Intelligenz, Misserfolg ist schlecht für den Charakter. Der Erfolgreiche und der Erfolglose entwickeln ihre eigene Form von Eitelkeit. Die Eitelkeit des Erfolgreichen ist dümmlicher, die des Erfolglosen ist aggressiver. Das Ziel hat Rudyard Kipling formuliert: »Es kommt darauf an, Triumph und Desaster gleich zu behandeln.« Misserfolg macht ganz sicher einsamer als Erfolg. Es ist ein Klischee, dass Erfolg einsam macht. Die Geselligkeit, die Erfolg verschafft, macht allerdings auf eine problematische Art uneinsam. Bei ungefestigten Menschen verstärkt Erfolg die negativen, unheimlichen Seiten. Bei gefestigten Charakteren kann er durchaus verbessernd wirken, weil er Bitterkeit, Frustration und Unsicherheit wegnimmt. Ich habe meine Schwächen nie gerne gezeigt, weil ich desaströse Folgen fürchtete. Darin werde ich souveräner, weil der Schutz des Erfolges gelassener macht. Gore Vidal sagt: »Erfolg haben allein reicht nicht aus. Es müssen auch andere scheitern – besonders unsere Freunde.« Es gibt einen Satz von La Rochefoucauld, der noch viel schärfer und bösartiger ist: »Im Unglück unserer besten Freunde gibt es immer etwas, was uns nicht missfällt.« Das Komische ist, dass dieser Satz uns auf eine sehr erschreckende Art als wahr berührt.

Noah Gordon, Bestsellerautor: Ich bin keiner dieser Schriftsteller, die mit Stift und Block neben ihrem Bett schlafen. Meiner Erfahrung nach gibt es einen Darwinismus der Einfälle: Die guten sind hartnäckig und kommen immer wieder.

Durs Grünheim, Lyriker: 1990 bin ich zwecks intensiver Drogenstudien nach Amsterdam gereist. Haschischkekse stimulieren einen zu unglaublichen Wort- und Bildverbindungen. Kokain ist wie Peppermint im Gehirn. Es beschleunigt und erfrischt, schafft aber keine wirklich neuen Kombinationen. Heroin war eine sinnlose Erfahrung, weil ich hinterher überhaupt keine Erinnerung mehr hatte. Ich war einfach weg und kam am nächsten Tag mit ungeheurem Wimpernflimmern wieder zu mir. Letztlich sucht man mit Drogen nach einem neurologischen Trick, um in die eigene Hirnstruktur hineinzukommen. Die Frage ist: Wie kann man sich als Instrument noch präziser handhaben? Da ich meine unter Drogen geschriebenen Sachen größtenteils grotesk misslungen fand, nehme ich heute als Stimulanz Zigarillos von Davidoff. Da ich eigentlich kein Raucher bin, gibt das einen eigenartigen Blow-up-Effekt.

Günter Grass, Literaturnobelpreisträger: Wenn ich früher beim Schreiben das Gefühl hatte, das Leben zu versäumen, bin ich ins Kino gefahren und habe mir schnell einen Western angeschaut. Noch vor dem Abspann bin ich an den Schreibtisch zurückgehastet.

Mario Vargas Llosa, Literaturnobelpreisträger: Den Nobelpreis zu bekommen ist eine Woche lang ein Märchen – und dann ein Jahr lang ein grotesker Albtraum. Sie sollen zu allen Buchmessen dieser Welt fliegen, zig Ehrendoktorwürden entgegennehmen und auf endlosen Lesetouren zahllose Interviews geben. Man findet keine Ruhe zum Schreiben und fühlt sich wie ein Taucher, dem seine Sauerstoffflaschen gestohlen wurden. Ein Schriftsteller soll auf ein leeres Blatt Papier schauen. Meine Lektion war, dass Einsamkeit das Grundnahrungsmittel für unsereins ist.

John Updike, Schriftsteller: Ich wohne seit Jahren zurückgezogen in einem Haus mit Blick über die Massachussetts Bay vierzig Autominuten außerhalb von Boston. Mit dem Rücken zur Welt zu leben ist für mich richtig. Ich bin Bürger eines Landes, das verrückt ist nach Celebrities, ohne dass gefragt wird, warum jemand ein Celebrity ist. Und wenn man wie ich die Sehnsucht hat zu gefallen und durch Schmeicheleien verführbar ist, sollte man Abstand wahren zum Prominentenzirkus. Ich habe New York 1957 verlassen, weil es für meine Wesensart besser ist, unter Menschen zu leben, die keine Romane lesen. Es ist für mich eine Gnade, hier nicht der Schriftsteller zu sein, den alle kennen, denn Berühmtheit ist eine Maske, die sich ins Gesicht frisst. Ein Celebrity zu sein ist ein schrecklicher Energieaufwand, denn man muss sich dauernd Mühe geben, für andere glücklich auszusehen. Sehen Sie sich an, was aus Truman Capote geworden ist. Er ist als Schriftsteller zerstört worden durch sein Interesse an der Seifenblase Ruhm. Ich glaube, es verdirbt das Schreiben, wenn man eine Person von öffentlicher Bedeutung sein will. Man kann sehen oder gesehen werden, und Ruhm kann die Augen fett machen.

Franz Xaver Kroetz, Dramatiker: Früher hatten meine Tränen bestimmt drei Promille. Ich trinke gern viel. Weißbier macht mich euphorisch, animiert mich. Da kann ich saufen. Aber dann übersäuert sich der Magen, es rebelliert alles, und ich bin einfach krank. Ich sehe mich gern als saufenden Rabauken, aber das ist lange her. Ich sehne mich nach meiner Jugend, wo man in der Früh aufwachte und auf die Fahndung wartete, weil man was gemacht haben könnte. Mit Weißbier kann ich besser schreiben. Der Kopf wird aggressiv, klar, stählern. Bier und Schnaps ist eine furchtbare Mischung. Da fangen Sie das Raufen an, aber literarisch gesehen ist das sehr günstig. Rotwein macht gemütlich, ruhig, versöhnlich, friedlich, rund. Man legt sich lieber hin und macht die Augen zu.

Alexander Kluge, Schriftsteller und Filmemacher: Ruhm ist irrelevant für das Schreiben. Wenn ich schreibe, bin ich konzentriert wie ein Geburtshelfer, der mit Feingriff das Kind rausholt. Die Frage, ob man berühmt ist, ist nur beim Einkaufen wichtig.

*Über Krankheit,
Tod und Gott*

»Wenn einer verzweifelt stirbt, war sein ganzes Leben umsonst«

Tomi Ungerer

Erika Pluhar, Schauspielerin: Natürlich nehme ich das welk werden wahr, und es braucht ein bissel, bis mein inneres Empfinden sich in der alt gewordenen Frau wiedererkennt, die mich im Spiegel anschaut. Aber Schönheitsoperationen machen alles nur noch schlimmer. Sich das Alter mit dem Skalpell entfernen zu lassen ist eine Entwürdigung des Älterwerdens. Wer gegen das Altern ankämpft, altert bloß, ohne zu reifen. Ich habe bei Menschen auch nie nach Schönheit Ausschau gehalten. Etwas Kühnes tun oder ein bissel Leben hinter sich bringen, dann kann aus einem Gesicht was werden. Vielleicht ist es auch gescheiter, sich nicht makellos zu fühlen. Solche Menschen tendieren zur Oberflächlichkeit. Es ist ein Irrglaube, dass sexuelle Fantasien im Alter verschwinden. Auch ich empfinde nach wie vor erotisch, nur die Liebesgeschichten, die sind mir zu blöd geworden. Ich verstehe gar nicht mehr, dass mir die Komplikationen mit Männern mal so wichtig waren. Da hätte ich mir einiges an sinnlosen Agonien und Selbstaufgaben ersparen sollen. Zu jemandem gehören, mir sicher sein, geliebt zu werden, mich in den Armen eines Mannes geborgen fühlen, ein ewiges Paar sein: Rückblickend schüttle ich über solche Sehnsüchte den Kopf, weil ich weiß, dass es das letztlich nicht gibt.

Luc Bondy, Regisseur: Mein Freund Botho Strauß sagte mal, mein größter Feind sei mein eigener Körper. In der Keimzelle scheinen viele Fehlinformationen zu sein. Es ging los mit Gelenkrheumatismus, dann hatte ich zwei Mal Krebs, jetzt bin ich zuckerkrank. Krankheiten haben mich immer ausgeliefert und gleichzeitig beschützt. Sie sind wie eine andere Identität. Krebs ist unerträglich, aber er bringt einen auch zur Besinnung. Diese Zustände von Wachheit und

Intensität müsste man eigentlich immer haben. Der Krebs beeinflusst die Arbeit. Der Körper ist wie besetzt. Dann ballt sich eine geistige Kraft zusammen, die den von Metastasen okkupierten Körper durchdringen möchte. Das ist der Kampf – und der macht sehr nüchtern. Das Hirn funktioniert besonders gut, weil es die Beleidigung des Körpers nicht akzeptiert. Ich weiß noch genau, wie ich während der ersten Chemotherapie über den Gang des Spitals lief. An mir hing eine Flasche, deren Schlauch in mein Herz führte. Ich bin an einer Kette, dachte ich und fühlte mich das erste Mal in meinem Leben richtig erniedrigt. Das Mitleid mit mir ist dann in eine große Nüchternheit und Stärke umgeschlagen.

John Updike, Schriftsteller: Wegen des Medikaments, das ich gegen Psoriasis nehme, darf ich keinen Alkohol trinken. Ich kann es niemandem wirklich empfehlen, immer nüchtern zu sein. Es ist das Gefühl: Du wachst jeden Morgen auf und bist immer noch im öden Kansas. Es gibt keine Achterbahnfahrten mehr, nicht mehr die Euphorie des zweiten oder dritten Drinks, wenn deine Ängste dahinschmelzen, und du glaubst, jeden zu lieben und für alle liebenswert zu sein. Glücklicherweise trinkt meine Frau aus moralischen Gründen keinen Alkohol. Das ist für mich einfacher, als an der Seite einer harten Trinkerin zu leben, die schon am späten Nachmittag die Vorzüge eines steifen Drinks anpreist. Europäer wissen besser als Amerikaner, dass Alkohol ein Lebensverstärker ist. Wer zu trinken aufhört, hackt ein kleines Stück seiner Menschlichkeit ab.

Margarete Mitscherlich, Psychoanalytikerin: Das Angenehme am Alter ist, dass man zu wissen glaubt, wer man ist. Und man kapiert, dass die anderen genauso verrückt sind wie man selbst gelegentlich. Ich finde, zum kultivierten Leben gehört vor allem Selbsterkenntnis. Viele Menschen ahnen gar nicht, wie viel Kraft Verdrängen kostet und wie depressiv, abwehrend, bösartig und steril es einen machen kann. Nur eine kleine Minderheit wünscht sich im Alter, ein tugendhafteres Leben geführt zu haben. Ich wünschte, ich hätte mehr gesündigt. Im Alter denkt man vor allem an das, was sich nicht erfüllt hat, nicht erfüllen konnte. Viele nennen das die Melancholie des Alters, aber das klingt mir zu hochtrabend. Man wird einsam, das ist es. Und man ist nicht mehr frei, sich ins Auto zu setzen und irgendwo hinzufahren. Alter ist Verzicht auf Bewegung, auf Reisen, auf Jugend und Schönheit. Ich bin schon acht Zentimeter geschrumpft. Das Alter reduziert einen bis zur Lebensmüdigkeit. Ein ungebetener Begleiter des Alters ist das große Vergessen. Wir sind doch, an was wir uns erinnern. Zur Tragödie des Alters gehört, dass viele die Fähigkeit zur Anteilnahme verlieren, erst an Freunden und dann an sich selbst. Das Herz schrumpft, und man betrachtet die Welt gleichgültig. Manchmal habe ich das Gefühl, mich überlebt zu haben. Aber stärker ist das Gefühl, dass die Psychoanalyse sich langsam überlebt. Die alten Griechen hatten die Losung: Erkenne dich selbst und mache dich zu dem, der du bist! Statt sich selber auf den Grund zu gehen, erfindet man sich heute lieber neu. Die Menschen glauben, sich designen zu können wie ein Möbel. Das vorherrschende Lebensgefühl ist: Ich will nicht so sein, wie ich bin, denn so sind schon genug andere. Die Sehnsucht, sich von der Masse abzuheben, ist das wahre Massenphänomen geworden. Dieser narzisstische Wunsch nach Einzigartigkeit führt dazu, dass uns mehr und mehr

Menschen nicht authentisch erscheinen. Dabei ist es höchst anstrengend, als jemand aufzutreten, der man nicht ist. Je älter ich werde, desto weniger verstehe ich, dass ich mich einmal so wichtig gefühlt habe. Warum habe ich das Leben so ungeheuer ernst und schwer genommen? Warum habe ich nicht begriffen, dass das Leben ein Spiel ist, ein großes Stück Theater? Jeder von uns könnte doch wissen, dass wir ein zufälliges Stück Natur sind, das irgendwann endet. Stattdessen nehmen wir es wichtig, wenn wir eine Falte bekommen, und versuchen mit allen Mitteln, sie zu verstecken. Das eigentliche Rätsel ist, dass die Menschen so unglaublich lächerlich sind – inklusive man selbst.

Arthur Miller, Dramatiker: Am Ende des Lebens überfällt einen oft eine hoffnungslose Gleichgültigkeit. Insgeheim findet man jede Darmtätigkeit aufregender als die Wahl des nächsten US-Präsidenten.

Alessandro Michele, Chefdesigner von Gucci: Auf Instagram fünfundvierzig Jahre alt zu sein fühlt sich an, wie achtzig zu sein. Ich bin zu alt, eine Maske aufzusetzen und sie zu meinem Gesicht zu machen. Junge Menschen erfinden Versionen von sich, die sie für attraktiv und Erfolg versprechend halten. Hat man die vierzig überschritten, will man synchron mit seiner Seele leben.

Peter Schmidt, Produktgestalter: In Asien geht man im Alter in ein Kloster und versucht, durch Introspektion und Kontemplation mit sich ins Reine zu kommen. Der Sinn des Alters ist, Einsamkeit in Einsichten zu verwandeln. Unser Leben entscheidet sich daran, ob die Menschen, die wir lieben, uns auch lieben. Jedem steht der Moment bevor, in dem uns auf dem Totenbett ein Mensch die Augen schließt. Wie wird dieser Mensch uns anschauen? Mit Liebe und Wärme in den Augen? Oder mit der sichtbaren Genugtuung, dass es endlich aus ist mit uns? Zu den wenigen Vorzügen des Alters gehört, dass man die Dinge nicht mehr begehrt, die man sich früher nicht leisten konnte. Und man weiß, wie nichtig das meiste von dem ist, was man einst für vielsagend hielt. Aus Tragödien werden Komödien, und am Ende hat man nichts mehr zu sagen, weil wie bei einem alten Ehepaar alles gesagt ist. Man ist nur noch eine ehrbare Ruine und schaut zu. Das Friedliche am Alter ist, dass man es schafft, den Hass aus seinem Leben zu vertreiben, weil man begreift, dass der Hassende leidet und nicht der Gehasste. Verstehen tut man das Leben nur rückwärts, leben muss man es aber vorwärts. Das erklärt die Melancholie des Alters.

Franz Xaver Kroetz, Dramatiker: Würde ich einen Klon von mir treffen, würde ich den natürlich sofort abstechen – weil ich einmalig bin. Am Ende wäre der Klon auch noch jünger als ich. Das darf nicht sein.

Wolfgang Joop, Modedesigner: Arzt, Therapeut, Krankenhaus, Altenheim – im Alter sind es die Pathologien, die uns mit einer neuen Liebe zusammenführen.

Wolf Wondratschek, Schriftsteller: In den Achtzigern war meine Arroganz das Resultat einer zunehmenden Abscheu vor den Menschen ganz allgemein. Ich war tatsächlich unfähig, sie zu lieben. Das ist anders geworden. Der Blick wird nachsichtig bis gleichgültig. Das hat aber nichts mit Altersweisheit zu tun, eher mit Ökonomie: Abscheu, und mehr noch Hass, vergeudet zu viel gute Energie, während Verzeihen und Nachsicht Energie spart. Abscheu ist zu anstrengend, und zu hassen hat etwas Unreifes. Ich bin auf dem besten Weg zu einer großen glückerfüllten Gelassenheit. Irgendeinen Vorteil muss es doch haben, die wilden, wütenden Jahre überlebt zu haben.

Udo Jürgens, Musiker: Es gibt nur eine einzige Möglichkeit, dem Alter zu entfliehen, und die ist, früh zu sterben. Nur wer die Gegenwart sehr bewusst lebt, wird eine Vergangenheit haben, an die es sich lohnt zurückzudenken. Man muss jeden Tag mit der Parole beginnen: Lasst uns Erinnerungen schaffen!

John Updike, Schriftsteller: Altern ist purer Blues. Der animalische Lebenswille erlischt, und stattdessen spürt man den organischen Imperativ, sterben zu sollen: Du hast deinen Spaß gehabt, du hast vier Kinder gezeugt, du hast zig Bücher geschrieben – jetzt ist dein Abgang fällig, verschwinde endlich! Ich finde es auch zunehmend schwieriger, vor mir selbst zu verbergen, dass die Welt ein sehr trauriger Ort ist. Fast täglich lese ich von sexuell missbrauchten Kindern und Schießereien zwischen Jugendlichen. Ich habe das Gefühl, dieses Land und seine Menschen bewegen sich rückwärts statt vorwärts. Der Treibstoff Optimismus droht mir auszugehen. Es ist für mich eine Anstrengung geworden, zuversichtlich zu sein. Bedauerlicherweise wird mir niemand im richtigen Moment eine goldene Uhr in die Hand drücken, um mir zu signalisieren, dass es nun an der Zeit ist, mit dem Schreiben aufzuhören. All meine Freunde haben sich aus ihren Berufen zurückgezogen und trinken heute ihren Bourbon in Florida oder Arizona. Nur ich sitze immer noch an meinem Schreibtisch und versuche den gleichen Zeitplan einzuhalten wie vor fünfzig Jahren. Ich hatte immer die unschuldige Zuversicht, dass das, was mich interessiert, auch einige andere interessieren wird. Aber jetzt frage ich mich immer öfter, ob ich wirklich noch einen Roman in mir habe oder den Buchhandlungen bloß Platz stehle. Meine Angst zu versagen nimmt seltsamerweise mit jedem weiteren Lebensjahr zu. Jeder Roman könnte mein letzter sein, also sollte er ein finales Statement sein, eine Zusammenfassung meiner Botschaft. Aber was war meine Botschaft? Hatte ich mehrere? Habe ich sie vielleicht längst beschrieben? Oder hatte ich gar keine? Ich bin nicht der Typ, der lässig sagt: »He Leute, dieses neue Buch ist von John Updike, also wird es schon seine Meriten haben. Und wenn nicht, was soll's. Jeder Baum bringt auch mal missratene Äpfel hervor.« Ich halte diesen Druck nicht gut aus, denn John Updike weiß am besten, wie tief John Updike fallen kann.

Wolf Schneider, Sprachkritiker: Bei Ringelnatz heißt es: »Aus meiner tiefsten Seele zieht mit Nasenflügelbeben ein ungeheurer Appetit auf Frühstück und auf Leben.« Leider ist mein körperlicher Zustand ein Ärgernis. Ich bin ein Extremfall von Bewegungslust. Ich war ein Bergkletterer und Tänzer. Bis fünfzig konnte ich nicht spazieren gehen, ohne zwischendurch einen Sprint einzulegen. Alles vorbei. Ich kann nur noch latschen und nehme dabei auch noch Nordic-Walking-Stöcke zu Hilfe – was ich hasse! Mit jedem Einstecken des Stockes teile ich mir selber und der Welt mit, jetzt bist du also körperlich zum Wrack degradiert. Der Tod selbst ist ja nichts Schlimmes, ginge ihm nicht diese elende Sterberei voraus. Die meisten sterben lange und widerlich. Daliegen und sich anscheißen, damit endet alle Lebenswürde. Wenn es eine halbwegs zumutbare Form gäbe, sich in einem späten Zustand abzuschaffen, wäre ich dafür.

Heino, Volkssänger: Mein Alter soll nach dem Motto sein: Der liebe Gott hat mir das Können genommen, jetzt soll er mir auch das Wollen nehmen.

Oswalt Kolle, Sexualaufklärer: Ich bin über achtzig. Da hat man alle möglichen Beschwerden. Wenn Sie morgens aufwachen, und nichts tut weh, sind Sie tot. Trotzdem bin ich sexuell noch sehr aktiv. Ich bin unendlich dankbar, dass es Erektionshilfen wie Viagra und Cialis gibt, die beiden Partnern Sicherheit geben. Ich kenne einen gar nicht so alten Urologen, der jeden Tag eine kleine Menge Viagra nimmt, weil das die nächtliche Erektion fördert, und die ist wichtig für das Training von Penis und Gefäßen. Solange ich Aufklärer war, konnte ich Männern immer nur den schalen Trost bieten: »Du bist nicht impotent, solange du deine Zunge und deine zehn Finger hast.« Das hieß, der Mann konnte die Frau befriedigen, aber er selbst hatte keinen Spaß. Deshalb ist es ein riesiger Fortschritt, dass es diese Mittel gibt. Sex ist das großartigste Mittel gegen Alterstraurigkeit.

Margarete Mitscherlich, Psychoanalytikerin: Mein Bedürfnis nach einem Jenseits ist gleich null. Ich glaube nicht an ein Jenseits, aber es wäre schön, ich könnte es. Der Glaube macht die Welt schöner als das Wissen. Ich muss ohne den Trost und die Geborgenheit einer Religion sterben. Mein

Verstand sagt mir: Statt ins Paradies zu kommen, kippst du in ein schwarzes Loch, das Nichts heißt. Mein Herz ist da optimistischer.

Jane Goodall, Schimpansenforscherin: Ich hatte Denguefieber und mehr als dreißig Mal Malaria. Obwohl ich den Tod vor Augen hatte, spürte ich keine Angst, eher Neugier auf ein wunderbares Abenteuer. Der Tod ist nicht das Ende. Irgendwie wird es weitergehen. Es kommt immer wieder vor, dass Menschen zu mir kommen und sagen, sie kennen mein Leben aus dem Film *Gorillas im Nebel* mit Sigourney Weaver. Ich frage dann immer, ob sie erinnern, wie der Film endet. »Ja«, heißt es dann, »man findet Sie mit eingeschlagenem Schädel in Ihrer Hütte in Ruanda.« Erst wenn ich sanft darauf hinweise, dass ich doch leibhaftig vor ihnen stehe, geht ihnen auf, dass sie mich mit der Gorillaforscherin Dian Fossey verwechseln.

Friedrich Dürrenmatt, Schriftsteller: Bei meinem Herzinfarkt ist mir die tiefe Gleichgültigkeit aufgefallen. Ich bin im Bett liegen geblieben und habe weitergelesen, ohne Angst. Meine Mutter war im Nebenzimmer. Es ist mir nicht in den Sinn gekommen, sie um Hilfe zu bitten. Angst vor dem Tod habe ich nicht mehr. Es ist sehr wesentlich für den Menschen, dass er weiß, dass er sterben muss. Biologisch gesehen, ist das für den Menschen eine große Erkenntnis. Die hat das Tier nicht. Die Beschäftigung mit dem Tod ist die Wurzel der Kultur. Aus Angst vor dem Tod hat man das Jenseits erfunden, hat man die Götter erfunden, hat man Gott erfunden. Die ganze Kultur ist gegen den Tod gebaut. Aber wir sollten den Tod als natürlich und notwendig begreifen, denn ohne ihn gibt es keine

Evolution. Wären wir unsterblich, gäbe es auf der Erdoberfläche nur einen Brei aus Einzelheiten.

Alexander Kluge, Schriftsteller und Filmemacher: Sämtliche Vorstellungen vom Paradies, die mir je erzählt wurden, sind wie ein Albtraum für mich. Ich würde akustisch sterben wollen. Wenn ich wählen dürfte: *Nabucco* von Verdi. Wer immer hofft, stirbt singend. Ich bin nicht so erwachsen geworden, mich als besonderen Menschen zu sehen. Ich denke immer noch wie ein Vier- oder Sechsjähriger. Bei Epikur gibt es den Satz: »Wo der Tod ist, da bin ich nicht, und wo ich bin, da ist der Tod nicht.« Warum soll ich mir den Augenblick zermürben, indem ich mich mit dem Tod befasse? Es ist gewiss, dass er kommt. Mehr muss ich nicht wissen. Mein Vater war eine ausgeglichene Natur. Er hat mir das Gefühl mitgegeben, mir über nichts Gedanken zu machen, worauf ich null Einfluss habe. Deshalb mache ich keinen Satz, den ich schreibe, davon abhängig, ob er im Jahre 2042 überlebt oder nicht.

Julian Schnabel, Maler: Sich den Kopf über die eigene Größe zu zerbrechen macht klein. Es ist sinnlos zu spekulieren, wie lang der Nachruf in der *New York Times* über mich sein wird. Als Joseph Beuys 1986 starb, tat die amerikanische Presse so, als sei bloß der beste Künstler Düsseldorfs gestorben. Nur die Würmer in unserem Grab werden wissen, welchen Rang die Nachwelt uns zumisst.

Alessandro Michele, Chefdesigner von Gucci: Ich überlege manchmal, wie ich mich kleiden würde, wenn ich noch heute vor Gott zu treten hätte. Ich sollte etwas Bequemes anziehen, weil es unbequem sein wird, Gott unter die

Augen zu treten. Aber das wäre langweilig. Ich würde etwas Verblüffendes tragen, das glitzert und funkelt wie eine Sternennacht. Gott und Glitter, das klingt doch vielversprechend. Ich würde barfuß sein, mir eine Lockenfrisur machen lassen und meinen Lieblingsanzug aus den Siebzigern tragen. Er hat Schlaghosen, in denen man sich wie ein König fühlt. Da ich ein Renaissance-Mensch bin, würde ich den Anzug mit prächtigen Stickereien verzieren lassen. Das Motto wird sein: Modegott der Siebziger trifft den größten Modeschöpfer aller Zeiten.

Peter Schmidt, Produktgestalter: Wer verzweifelt stirbt, muss sich fragen, ob er nicht umsonst gelebt hat. Der Kern unseres Daseins besteht doch darin, wie wir mit unserer Einsamkeit zurechtkommen. Erst wie wir sterben, zeigt, wer wir sind. Man sollte leben, als gebe es keinen Tod, und sterben, als hätte man nicht gelebt. Aber wem gelingt das? Die meisten sterben mit dem Gedanken, es wäre besser gewesen, Sünden zu bereuen, als im Alter zu bereuen, zu wenig gesündigt zu haben.

Woody Allen, Filmregisseur: Meine Psychoanalytiker reden seit Jahrzehnten auf mich ein, es sei doch widersinnig, dass ich mich ein Leben lang vor den paar Sekunden fürchte, in denen ich sterbe. Diese Leute finden meinen Pessimismus und meine dauernde Besessenheit vom Tod neurotisch. Ich verstehe aber nicht, wie jemand überhaupt an etwas anderes denken kann. Das kommt mir vor, als würde ein Häftling in Auschwitz sagen: »Was für ein herrliches Wetter heute. Und die Essensration ist auch ein klein wenig größer als gestern.« Ich würde dem Mann zurufen: »Wach auf und begreif endlich: Du bist hier in einem Vernichtungslager!« Wir alle befinden uns in einem gigantischen Vernichtungslager. Ich sage Ihnen, was unsere Existenz auf diesem Planeten ausmacht: Nach ein paar Jahren klopft es mitten in der Nacht an deiner Tür, und eine fremde Stimme sagt: »Mitkommen! Sie sind schuldig!« Du wirst nie den Grund erfahren, warum ausgerechnet du es bist, der in dieser Sekunde ausgelöscht werden soll.

Robbie Williams, Musiker: Ich habe eine psychische Krankheit – also ziehe ich Menschen mit psychischen Krankheiten an. Beim ersten Date stelle ich mir oft vor, wie sich die Frau bei meiner Beerdigung benehmen würde.

Peter Ustinov, Schauspieler: Ich habe keinen Glauben, aber ich versuche so zu leben, dass ich jeden Augenblick bereit bin, über ein Wunder zu staunen, denn wenn Christus existiert, würde er heute aussehen wie Andre Agassi.

Harald Schmidt, Entertainer: Das Großartige ist, dass Gott und das Universum weder Witz noch Ironie brauchen – sie sind einfach da. Ich habe mal mitbekommen, wie ein Hubschrauber mit vier Japanern ins Matterhorn gerast ist. Das hat dem Matterhorn überhaupt nichts ausgemacht.

Jorge Semprún, Schriftsteller: Am 29. Januar 1944 kam ich als Häftling Nummer 44904 ins Konzentrationslager Buchenwald. Sonntags hatte man nach dem Mittagsappell ein paar Stunden zur eigenen Verfügung. Wer nicht auf seinen Strohsack im Schlafsaal fiel, wurde von einer fieberhaften Aktivität befallen. Ich gehörte einem Diskussionskreis im Block 56 an. Ein Wiener Jude hielt höchst kenntnisreiche Vorträge über Robert Musil und Hermann Broch, und wir disputierten über die Existenz Gottes. Ich wurde katholisch erzogen, aber als ich fünfzehn Jahre alt war, verließ mich Gott plötzlich. Ich hatte damit kein Problem. Ob es Gott gibt oder nicht, ist eine sinnlose Diskussion, denn Gott ist eine notwendige Wunschfantasie des Menschen, die man nicht vernichten kann. Ich habe kein Bedürfnis nach einem Jenseits, aber die Sehnsucht nach Transzendenz wird es immer geben. Für mich war der Kommunismus lange eine Art Religion des Guten. Heute bin ich wirklich Atheist, weil ich kein Kommunist mehr bin.

Iris Berben, Schauspielerin: Eine Handbreit unter meinem Bauchnabel ist ein schwarzer Kreis tätowiert. Er steht für Unendlichkeit. Ich sehne mich nach Unsterblichkeit. Ich möchte noch so viel leben! Donald Sutherland sagte mal: »Wie wäre es, wenn wir unser Leben rückwärts leben würden? Wir kommen mit dem Tod auf die Welt und sterben bei der Zeugung. Dann würdest du nicht älter, sondern jünger. Und du beendest dein Leben mit dem schärfsten Orgasmus aller Zeiten.« Das wär's.

Marcel Reich-Ranicki, Kritiker: Ich habe in meinem Leben keinen einzigen Augenblick an Gott geglaubt. Früher hielt ich Gott für eine nicht sonderlich gelungene literarische Figur. Ich glaube, gewiss, aber an Shakespeare und Mozart.

Martin Walser, Schriftsteller: Aus der Kirche austreten kann ich nicht wegen meiner Kindheit. Ich habe zwei Kapläne gehabt, die mir Bücher gegeben haben, der eine Karl May und der andere Peter Rosegger. Ich bezahle sozusagen mit der Kirchensteuer die Bibliothekskosten nach.

John Updike, Schriftsteller: Ich brauche eine Prise Religion. Es wäre doch trostlos, wenn der Mensch nur ein dummer Zufall der Fauna wäre, der irgendwann durch einen Schluckauf der Sonne oder durch ein kosmisches Niesen ausgelöscht wird. Wenn ich einige Sonntage nicht in der Kirche war, fehlt mir etwas. Als junger Mensch mischte sich bei mir eine diffuse Seelenangst mit dem erdrückenden Gefühl, mein Tod sei bereits in Arbeit. Ich habe dann genug Kierkegaard und Karl Barth gelesen, um zu begreifen, dass es meine kosmische Pflicht ist, nicht ständig über meinen Tod zu grübeln, sondern mein Talent so gut wie möglich zu nutzen. Heute verfolgt mich der Gedanke, dass der religiöse Optimismus, der uns in diesem Jammertal aufheitern soll, in Wahrheit nur Wunschdenken ist und ein Gewebe aus Lügen.

Kirk Douglas, Schauspieler: Am 13. Februar 1991 wollte ich von Fillmore nach Los Angeles fliegen. Kurz nach dem Start kollidierte unser Helikopter mit einem landenden Sportflugzeug. Wir gerieten ins Trudeln und stürzten aus fünfzehn Meter Höhe auf das Rollfeld. Zwei Menschen sind im brennenden Kerosin umgekommen. Einer davon war erst achtzehn. Seit diesem Tag fühle ich mich schuldig, noch am Leben zu sein. Ich war bei zwei Psychiatern, aber die konnten mir auch nicht helfen, meinem Leben einen neuen Sinn zu geben. Auf einmal wollte ich mehr, als nur die Leute mit Filmen zu unterhalten. Heute weiß ich, dass Gott eine Mission für mich hat, die ich erfüllen muss: die Förderung des jüdischen Glaubens. Unglück und Schmerz sind Gottes Megafon, um taube Menschen aufzuwecken. Ich lese jeden Tag drei Stunden in der Thora. Diese Stunden sind für mich hilfreicher als jede Psychoanalyse. Außerdem ist die Thora das beste Drehbuch, das mir jemals untergekommen ist. Abenteuer, Betrug, Mord, Ehebruch, Inzest: Kein Wunder, dass dieses Buch zu den größten Bestsellern aller Zeiten zählt.

Erika Pluhar, Schauspielerin: Mein erster Mann wurde wegen sechsfachen Mordes zu lebenslanger Haft verurteilt. Unsere Tochter musste damit zurechtkommen, einen verurteilten Mörder zum Vater zu haben. Die Anna war mutig und stolz, aber die Situation mit ihrem Vater hat ihr sehr wehgetan. Als ich gefragt wurde, ob ich als Bundespräsidentin kandidieren will, sagte sie: »Der Vater lebenslänglich in Haft, die Mutter wird vielleicht Bundespräsidentin – ich habe vielleicht Eltern!« Mit fünf Jahren bekam Anna Asthma. Es war ein seelisches Asthma. Wenn sie unglücklich war, bekam sie diese Anfälle. Sie war traumatisiert durch die Situation ihrer Eltern. Das hat sie mehr verfolgt, als sie mir gezeigt hat. Obwohl all ihre Liebesbeziehungen mit Männern kompliziert waren, war sie ein sehr lebensbejahender Mensch. Deswegen habe sogar ich als Mutter übersehen, wie krank sie war. Anna starb am 4. Oktober 1999 mit siebenunddreißig Jahren nach einem Asthmaanfall an akutem Herzversagen. Ich war vormittags ins Tonstudio Toegel gefahren, um meine CD *I gib net auf* aufzunehmen. Als wir das vierte Lied einspielten – es hieß *Die unerfüllbaren Wünsche* –, wurden wir unterbrochen. Dann hieß es: Anna ist tot. Ich habe in vier Jahren Vater, Mutter, Tochter und Kindsvater verloren. Ich war wie in einem Glassarg, aber am Schreibtisch und im Studio konnte ich meine Trauer durchwandern und verwandeln. Ansonsten tat ich, was der Tag von mir verlangte, und sagte keine Termine ab. Ich war in diesen Wochen grauenvoll gesund. Rundum tobte eine Grippewelle, ich blieb tödlich gesund. Ich war ein bisschen tot. Wenn man sich dann nicht die Kugel gibt, greift irgendwann das Leben wieder nach einem, einfach das Leben: Man geht jeden Morgen ins Badezimmer, plötzlich merkt man, dass einem was schmeckt, plötzlich hört man sich sogar lachen. Während man noch hinterhersterben möchte, lebt man bereits wieder. Und dann konnte ich mir sagen: »I gib net auf«, das muss zur Parole deines Weiterlebens werden. Für Sentimentalität ist im Schmerz kein Platz. Nur Wehwehchen machen sentimental. Beim Äußersten an Leid hören die Schnörkel auf. Wenn man nicht seelisch krepieren will, muss man in die tiefste Tiefe des Schmerzes hinabtauchen und sich dann irgendwann mit beiden Beinen vom Grund abstoßen. Ich gehöre nicht zu denen, die die Nähe von Menschen suchen, die eine ähnliche Tragödie erlitten haben. Ich bin ein Einzelgänger, der seine Grundtrauer alleine durchwandert und lieber zu den Bäumen als zu den Menschen geht. Eine Ausnahme ist meine ältere Schwester, die auch ihre Tochter verloren hat. Sie war siebzehn. Unsere beiden Mädchen liegen in einem Grab. Wir sitzen dann am Grabesrand und plaudern ganz gemütlich. Wir wissen Bescheid über unseren Schmerz, deshalb brauchen wir gar nicht viel über unsere »Schicksalsschläge« reden, wie sie so schön heißen.

Arnold Schwarzenegger, Schauspieler: In meinem Bücherregal stehen unzählige Fotoalben, aber ich schaue sie nie an. Was war, kenne ich bereits. Ich schmiede lieber Pläne, als zurückzuschauen. Ich bin auch kein Typ für Selbstanalysen. Wenn man in sich rumgräbt, verliert man seinen Instinkt. Ich habe eine gesunde Natur und kann wie ein Irrsinniger arbeiten, aber dann lege ich einen Schalter um und gehe spielen. Auf meinem Grabstein soll in großen Buchstaben stehen: »Joy«.

Christoph Schlingensief, Regisseur: Ich glaube, dass ich Beichtfilme drehe. Mit sechs wurde ich für zwölf Jahre Messdiener. Ich war ein feiges Schweinchen, das betete: »Lieber Gott, lass mich bitte keine Fehler machen.« Ich war einer von zwei Messdienern, die auf dem Schoß vom Kaplan sitzen durften. Der hat mir den Nacken gekrault und auf Kinderstunde gemacht. Das fand ich total toll. Mit Jesus hatte ich immer mehr Probleme als mit Gott, Maria und den Heiligen. Bei Jesus dachte ich immer: »Das ist ein eitler, wehleidiger Fatzke. Der hängt da am Kreuz, und wir wollen alle ans Kreuz. Nun soll er bitte mal Platz machen, dass jemand anders da hängt!« Ich glaube an Gott, und ich glaube auch, dass er einen Sohn hatte, aber der muss jetzt radikal reingewaschen werden. Das muss zu einem rituellen Ergebnis führen. Das kann nicht in einem Papst enden, der am Fenster steht und nach Luft japst, als hätte er eine Faust im Arsch. Ich bete jeden Abend im Bett. Es geht aber nicht mehr so leicht raus. Wenn ich bete: »Lieber Gott, hilf den Menschen, die heute Nacht nicht mehr weiterwissen«, denke ich immer öfter: »Schnauze halten! Schnauze halten!« Ich habe mir auferlegt, häufiger glücklich zu sein, als immer nur zu bitten.

Thomas Kapielski, Schriftsteller: Früher dachte ich als Inschrift auf meinem Grabstein an etwas wie: »Wegen Dir bin ich tot!« Oder, gnadenlos aufrichtig: »Wegen dir bin ICH tot!« Heute neige ich zu: »Macht bloß so weiter!«

Dieter Dorn, Theaterregisseur: Meine erste Frau fiel nach einem Sturz vom Fahrrad ins Koma und starb ein halbes Jahr später. Meine Schwester bespitzelte mich für die Stasi, verlor bei einem Suizidversuch ein Bein und nahm sich 1991 mit Schlaftabletten das Leben. Will Quadflieg sagte einmal: »Alles, was in Kunst übersetzt ist, berührt mich mehr als mein privates Schicksal. Über Figuren in Dramen kann ich weinen, aber den eigenen Gefühlen gegenüber bin ich seltsam distanziert.« Da ist sehr viel dran. Die theatralisch-dramaturgische Zuspitzung eines großen Dramatikers ist dem privaten Leid fast immer überlegen, weil sie in der Gegenwelt der Kunst eine ungeheure tragische Wucht erreicht und dadurch dialektisch auch wieder leichter vom Schmerz erlöst. Der Text bindet das Leid. Schmerz und Trauer bekommen eine neue Kontur. Man kann weinen.

Günter Grass, Literaturnobelpreisträger: Ich habe den Tod sehr früh erlebt, mit siebzehn Jahren, in der relativ kurzen Zeit, in der ich Frontberührung hatte. Ich habe gesehen, wie nach ein paar Minuten Beschuss eine Vielzahl von Gleichaltrigen nur noch in Fetzen herumhingen in den Bäumen. Seitdem weiß ich, dass ich zufällig lebe. Das Weiterleben ist wie ein unverdientes Geschenk. Da wurde im Alter von siebzehn Jahren das Leben von Jungs abgebrochen, mit denen ich vorher noch dumme, säuische Witze gerissen und über Mädchen geredet habe. Wir waren ja alle in der Pubertät, das darf man nicht vergessen, und dann war da auf einmal nur noch ein Fleischklumpen übrig. Diese Jungen sind nie dazu gekommen, ihr Leben zu leben. Das habe ich nie vergessen und gespürt, dass ich beim Schreiben auch diese ungelebten Leben miterzählen muss. Ich habe keine Angst vor dem Tod. In frühen Jahren hatte ich Angst, mit meinem Schreiben nicht fertig zu werden. Nachdem ich 1958 den Preis der Gruppe 47 bekommen hatte, bot man mir an, ein Vierteljahr mit einem Stipendium in die USA zu gehen. Voraussetzung für die Amerikaner war eine ärztliche Untersuchung. Der Arzt stellte bei mir Tuberkulose fest. Ich hatte die *Blechtrommel* in Paris weitgehend in einem Raum geschrieben, der so feucht war, dass das Wasser die Wände herunterfloss. Aber das war gut für die Fantasie, das war ungeheuerlich! Obgleich es für die Gesundheit nicht zuträglich ist, kann man eigentlich nur jedem raten, in Räumen zu schreiben, in denen das Wasser die Wände herunterfließt.

Tomi Ungerer, Zeichner: Ich bin vom Tod markiert. Tod und Verzweiflung waren von früh auf meine beiden wichtigsten Inspirationsquellen. Wenn ich allein im Restaurant esse, lade ich immer einen Toten als Muse zu mir an den Tisch ein. Es sind Menschen, die ich geliebt oder gehasst habe. Ich lerne von den Toten zu leben. Ich war schon mehrmals drüben. Ich wurde vom Blitz getroffen, hatte mehrere Herzinfarkte und kämpfe mit dem Krebs. Ich war in meinem Leben schon drei Mal tot – und es war so wunderschön, dass ich nicht mehr zurückkommen wollte. Dieses Licht, diese Abwesenheit von Schuldgefühlen, dieser Friede, diese Serenität: Das haben wir hier auf Erden nicht. Weil es die wunderbarsten Momente meines Lebens waren, habe ich Sehnsucht nach dem Tod. Das ist wie Nostalgie. Ich unterziehe mich Chemotherapien. Man muss den Tumor mit Humor nehmen. Man muss die Schmerzen bescherzen und zum Freund machen, denn wenn einer verzweifelt stirbt, war sein ganzes Leben umsonst. Als ich ein

Auge verlor, habe ich mir gesagt: »Wenn du das andere Auge auch noch verlierst, kannst du immer noch Figuren kneten und dich selbst befriedigen. Klage also nicht.«

Elizabeth Teissier, Astrologin: Als ich an der Pariser Sorbonne meinen Doktor in Soziologie machte, sind dreihundertsiebzig Wissenschaftler gegen meine Ernennung Sturm gelaufen, darunter vier Nobelpreisträger. Seit der Aufklärung will man nicht mehr akzeptieren, dass wir Menschen ein Schicksal haben und im Großen und Ganzen vorausbestimmt sind. Albert Einstein verglich uns mit einer Mücke, die in der Gegend rumfliegt und sich dabei völlig frei fühlt – nur weiß die Mücke nicht, dass sie in einem Zug ist, der von Paris nach Marseille fährt.

Ernst Augustin, Schriftsteller: Ganz ernst kann ich es nicht nehmen, dass ich fast erblindet bin. Sonst müsste ich aus dem Fenster springen. Bei uns beginnen Märchen mit dem Satz: »Es war einmal ...« Dagegen beginnen die Märchen Asiens mit dem Satz: »Es war und es war nicht ...« Das entspricht meiner Wahrnehmung. Die Samurai hatten keine Angst, weil sie glaubten, sie seien bereits gestorben. Das ist der Trick. Mein Grundgefühl ist, in einer großen Traumblase zu leben. Das Leben ist ein Traum in einem Traum. Wir befinden uns in einer Lebensschleife, Anfang und Ende sind dasselbe. An den Tod glaube ich nicht. Der Tod ist eine Suche, eine Reise zur Wiedergeburt. Ich lebe, aber ich glaube, dass ich gleichzeitig auch tot bin. Der Tod träumt sich sozusagen ein Leben. Er wird sich auch wieder ein neues Leben träumen. Das hat nichts mit Behauptung zu tun. Ich fühle es so und bin darüber nicht unglücklich. Angst vor dem Tod habe ich nicht. Man kann noch nicht mal sagen, dass ich Neugierde habe, obwohl es wahrscheinlich ein unglaubliches Erlebnis ist, was man haben wird. So ungeheuerlich, wie wenn man in diese Welt hineinkommt. Das haben wir bloß vergessen.

Erika Pluhar, Schauspielerin: Es gibt keinen Tag, an dem ich nicht an den Tod denke. Am gefährlichsten sind die ersten dreißig Minuten am Morgen, weil man mit dem Gefühl aufwacht: Was willst du diesem Leben noch abgewinnen? Deine Liebsten sind gegangen, und die Zukunft ist nicht mehr da. Nichts nötigt dich mehr zu bleiben. Du gehörst nur noch dem Warten auf den Tod. In diesen Momenten muss ich wirklich um meine Lebenskraft kämpfen.

Martin Walser, Schriftsteller: Seit Goethes *Werther* heißt es, Suizide in Romanen laden zur Nachahmung ein. Für mich ist das ein Pseudoverdacht. Dem Schlussmachen eine erträgliche Seite abzugewinnen ist immer noch ein Tabu. Im Jahre 2200 wird man auf unseren Umgang mit Suizid schauen, wie wir auf das Mittelalter schauen. Dass wir glauben, der Staat oder die Religion oder die Familie darf darüber bestimmen, wie wir aufhören, ist so mittelalterlich wie sich bloß wegen eines Abendmahlunterschieds die Köpfe einschlagen. Wie kann man der Meinung sein, dass uns nicht einmal unser eigener Tod gehört? In den USA gibt es Bundesstaaten, wo Selbstmord strafbar ist. Wir existieren nicht in einer Zeit, sondern in einer Verwerfung aller möglichen Zeiten. Ich finde kein Wort so absurd wie Freitod. Den Ausdruck Selbstmord finde ich gemein. Ich kann da nichts verallgemeinernd empfehlen, aber für mich nenne ich es Selbsttötung. Auf den Tod kann man durch Lektüre tausendfach vorbereitet sein, aber für das Sterben selber gibt es keine geistige Vorbereitung. Je näher du dem Tod bist, desto schöner ist es zu leben. Oder genauer gesagt: desto schöner wäre es zu leben.

*Über das Unglück
der Glückssuche*

»Das Glück ist entweder stumm oder es schreibt mit weißer Tinte«

Woody Allen

Woody Allen, Filmregisseur: Hätte ich die Wahl, würde ich lieber weniger leiden und dafür in Kauf nehmen, weniger komisch zu sein. Zu meinem Unglück ist Glück kein produktiver Zustand. Glück oder eine sonnige Lebensart erzeugen keinen Impuls, sich künstlerisch auszudrücken. Das Glück ist entweder stumm oder es schreibt mit weißer Tinte – und dann bleiben deine Seiten leer. Schmerz dagegen stimuliert. Nur darf der Schmerz nicht zu groß sein, weil er dich sonst zum Krüppel macht. Ich kenne eine Menge Künstler, deren Fantasie und Gabe zu unterhalten durch einen Schmerz unwiederbringlich zerstört wurde. Alles hängt vom richtigen Grad des Leidens ab.

Wolfgang Joop, Modedesigner: Meine Seelenqualen therapiere ich durch Arbeit. Das dauernde Rumpopeln im Ego bringt doch genauso wenig wie die Suche nach individuellem Glück. Man ist nie unglücklicher als in der Zeit, in der man das Glück sucht. Ich tröste mich, indem ich Biografien lese. Da merke ich, dass meine Probleme auch andere haben. Narzissten sind wir doch alle. Es gibt allerdings eine Menge Leute, die keinen Grund dazu haben. Zutiefst narzisstische Menschen wie ich sind vom schönen Gefühl des einfachen Glücks ausgeschlossen. Glück und Narzissmus sind leider kein Liebespaar, und die Beschäftigung mit Schönheit erzieht nun mal zu kleinen, verletzenden Boshaftigkeiten.

Margarete Mitscherlich, Psychoanalytikerin: Die Fähigkeit, glücklich zu sein, ist eine Begabung, die man entweder hat oder nicht. Sie hängt entscheidend von der Beziehung ab, die wir als Kleinkinder zu unserer ersten Vertrauensperson haben. Insofern ist Glück Glückssache. Glücklich sein ist eine Art Geburtsgeschenk, eine völlig zufällige Gnade, so wie das absolute Gehör. Es kommt nicht so sehr darauf an, was wir erleben, sondern wie wir etwas erleben. Glück hängt von der Beschaffenheit unserer Gedanken ab, von unseren Voreinstellungen. Ich hatte eine sehr gute Beziehung zu meiner Mutter, deshalb war das Glas für mich immer eher halb voll als halb leer.

Jorge Semprún, Schriftsteller: Natürlich gab es im Konzentrationslager Buchenwald Glück. Nicht im Winter, aber wenn im Frühling plötzlich die Buchen grün wurden und die Sonne schien, war man auf einmal für eine Minute glücklich. Und selbstverständlich wurde in Buchenwald auch gelacht. Wir haben vor allem über uns selbst gelacht, über unsere komische Bekleidung und die Holzpantinen an unseren Füßen. Lachen ist auch ein Kampf gegen den Tod. Wenn man nicht lacht, ist man nicht mehr am Leben.

Rolf Dobelli, Autor: Nietzsche schrieb: »Fast überall, wo es Glück gibt, gibt es Freude am Unsinn.« Die Kunst, sich nicht allzu ernst zu nehmen, ist eine Säule der Glückseligkeit. Wer mit einem aufgepumpten Ego durch die Welt läuft, fühlt sich unentwegt gekränkt. Das grandiose Selbstbild zerschellt beim geringsten Anlass. Glück ist schließlich auch das Pech, das man nicht hat. Zur Weisheit gehört die Prävention. Umschiffen Sie Probleme, bevor Sie sie lösen müssen. Einstein hat es so ausgedrückt: »Eine clevere Person löst ein Problem. Eine weise Person vermeidet es.« Die Krux ist, dass unsere präventiven Erfolge für unsere Mitmenschen nicht sichtbar sind. Deshalb bekommen wir für sie keinen Applaus.

Alexander Kluge, Schriftsteller und Filmemacher: Wer glücklich auf einem Surfbrett steht, hat kein Motiv, das Surfen zu beschreiben. Bei glücklichen Menschen bleiben die Seiten leer.

Steven Spielberg, Filmregisseur: Es ist fraglich, ob es einer Geschichte guttut, wenn sie gut ausgeht. Intellektuelle haben für Happy Ends nicht viel übrig. Sie fühlen sich hintergangen, weil für sie Unglück das Normale ist. Meine Sicht ist kindlicher. Mir behagt die Vorstellung nicht, am Ende einer Geschichte jedes Mal mit durchstochenem Herzen dazusitzen.

Richard David Precht, Philosoph: Die größte Veränderung der letzten Jahrzehnte ist, dass die Menschen sich ausgiebig mit der Frage beschäftigen, was sie glücklich machen könnte. Der Boom von Esoterik, fernöstlicher Philosophie und Ratgeberliteratur ist eine Folge des gestiegenen Volkswohlstands. Nur wer genügend Geld und Zeit hat, beschäftigt sich mit dem Glück.

Benedikt Taschen, Verleger: Ich wurde unter einem glücklichen Stern geboren und habe eine positiv fatalistische Lebenseinstellung. Man kann nichts erzwingen. Das Motto, jeder ist seines Glückes Schmied, halte ich für baren Unsinn. Nur einer von vielen Tausenden legt eine große Karriere hin, und das sicher nicht nur, weil er extrem hart arbeitet. Erfolgreiche Menschen neigen dazu, den eigenen Anteil an ihrem Erfolg dramatisch zu überschätzen. Deshalb gibt es bei den Erfolgreichen so viele Angeber und Wichtigtuer. Wer großes Glück gehabt hat, sollte andere nicht auch noch dauernd überzeugen wollen, wie toll er ist.

Tomi Ungerer, Zeichner: Ich halte Glück für eine Begabung, die man von Geburt an hat oder nicht. Ich habe kein Talent zum Lebensglück, weil ich diesen Christuskomplex habe. Wenn ich die Zeitung aufschlage, spüre ich sofort die Last des Kreuzes auf meinen Schultern. Was andere bloß stört, tut mir weh. Ich denke aber, Glück wird überschätzt. Ein Himmel ohne Wolken ist banal und entsetzlich langweilig, und eine glückliche Liebe interessiert nicht mal die, die sie haben.

Woody Allen, Filmregisseur: Eine der törichtsten Redewendungen im Englischen ist »He made his luck«. Glück ist weder machbar noch ein Verdienst. Würden wir begreifen, wie stark unser Leben von Zufällen bestimmt wird, würden wir umgehend wahnsinnig werden. Glück ist reine Glückssache.